错位竞争

开创独一无二的用户价值

李 践 著

U0347251

机械工业出版社
CHINA MACHINE PRESS

无论时代如何变化，无论用户的需求如何变化，企业活下来、生存下去的关键始终不变，那就是开创独一无二的用户价值。开创独一无二的用户价值就是错位竞争，就是另辟蹊径，就是开创，就是先发优势。本书向读者传达这样一个理念：企业要持续开创，不断推陈出新，不断迭代升级，不断上升进取。本书详细阐述了错位竞争的概念、原理和实践方法，并通过大量案例，展示了成功的企业如何运用错位竞争策略获得竞争优势的实践经验，为读者提供了一套完整的商业竞争策略体系。

图书在版编目（CIP）数据

错位竞争：开创独一无二的用户价值 / 李践著.
北京：机械工业出版社，2024. 8. -- ISBN 978-7-111
-76125-9

Ⅰ. F271.3

中国国家版本馆CIP数据核字第2024GQ1311号

机械工业出版社（北京市百万庄大街22号　邮政编码100037）
策划编辑：康　宁　　　　　责任编辑：康　宁　刘林澍
责任校对：贾海霞　梁　静　责任印制：张　博
北京联兴盛业印刷股份有限公司印刷
2024年8月第1版第1次印刷
140mm×203mm · 7.875印张 · 3插页 · 98千字
标准书号：ISBN 978-7-111-76125-9
定价：79.00元

电话服务　　　　　　　　　网络服务
客服电话：010-88361066　机 工 官 网：www.cmpbook.com
　　　　　010-88379833　机 工 官 博：weibo.com/cmp1952
　　　　　010-68326294　金 书 网：www.golden-book.com
封底无防伪标均为盗版　机工教育服务网：www.cmpedu.com

序　言

开创是一个伟大的商业模式

在做管理教育的 39 年里，我们和无数企业经营者进行交流、沟通，他们提出的有关企业经营的问题很多，包括如何做战略、如何创造价值、如何应对市场竞争、如何做好营销等。

问题千千万，病根只有一个：企业如何开创独一无二的用户价值？

开创独一无二的用户价值就是错位竞争，就是另辟蹊径，就是开创，就是先发优势。

开创是一个国家、一个企业生存与发展的不

竭动力。越是伟大的事业，越是充满艰难险阻，越需要艰苦奋斗，越需要开拓创新。

从特斯拉到苹果，再到福特、同仁堂和华为等，这些伟大的企业都是通过错位竞争，开创了独一无二的用户价值，引领了行业的变革，为人类的福祉和社会的发展做出了卓越的贡献。

奥地利著名诗人里尔克有句名言："未来闯入我们之间，为了能在它发生之前很久就先行改变我们。"这句话用来描述这些伟大的开创者们再确切不过。他们就是从未来"穿越"回来，改变我们生活的"未来闯入者"。

特斯拉的创始人埃隆·马斯克，闯入并颠覆了传统的汽车行业，开创了多个前沿科技领域的商业化。马斯克的每一家企业都是相关领域的开创者，他的每一项事业都达到了别人难以企及的高度。

马斯克创建了全球市场占有率最高的太阳能发电企业，旨在解决人类的能源问题；他领导的专注于地下隧道建设的企业，以及超回路列车项目，正在打造一个前所未有的3D交通网络，旨在解决人类的交通问题。

此外，马斯克的星链计划正在构建一个太空互联网，计划彻底颠覆人类的网络连接方式。马斯克还宣传自己于2011年提出的"火星移民计划"，并雄心勃勃地宣称要在火星上建立一座可容纳约8万人的城市，为人类文明提供一个可靠的备份，最终的目标是将整个人类文明由单一星球扩展到浩瀚无垠的宇宙之中。

这些计划，听起来是不是很疯狂？

如果你愿意沉下心来去了解马斯克的全盘计划和远大梦想，那么你将会看到他为人类绘制的宏伟蓝图。

乔布斯被誉为"数字时代的莎士比亚"，他开创了 iPod、iPhone 和 iPad 等划时代的产品，推动了数字媒体和移动设备的革命，将苹果打造成为全球最具价值的科技企业之一。

福特汽车的创始人亨利·福特，开创了汽车工业化生产模式，使得汽车从奢侈品变成了大众消费品，改变了人类社会的交通方式。

同仁堂的创始人乐显扬，以"炮制虽繁必不敢省人工，品味虽贵必不敢减物力"这句古训，开创了中药西制的先河，为人类的健康事业做出了巨大的贡献。

华为的创始人任正非，开创了中国高科技企业崛起的新时代。他凭借坚韧不拔的精神，从无到有，带领华为从深圳一隅起步，成为全世界备受瞩目的科技巨头。为中国的科技创新注入了强大的动力，为全球的通信技术发展贡献了中国智慧。

这些开创者们都有着一个共同的特点，那就是他们敢于创新、勇于突破，以开创独一无二的用户价值赢得先发优势，推动了各个领域的进步和发展，为人类社会的进步做出了不可磨灭的贡献。

从科技的角度来看，未来二三十年人类社会将演变成一个智能社会，其深度和广度我们还想象不到。越是不确定，越需要创造，这也给企业提供了千载难逢的机会。企业如果不能肩负重大的社会责任，不能开创，迟早会被颠覆。

错位竞争，开创独一无二的用户价值是企业的生存法则。开创，就是攻入无人区。无人区意味着无人领航、无既定规则可循、无人跟随。企业要耐得住寂寞，甘愿坐冷板凳。

这本书要告诉企业的是，无论时代如何变化，无论用户的需求如何变化，企业活下来、生存下去的关键，始终不变，那就是开创独一无二的用户价值。

开创不是一次性的，而是一生一世的。企业要持续开创、永恒开创，不断推陈出新，不断迭代升级，不断上升进取，永远开创。

只有不断探索人类能力极限的使命，才能真正决定一家企业在人类文明发展尺度上所能抵达的边界。

向那些伟大的开创者们致以崇高的敬意，在此，我把乔布斯演讲中的一段话送给大家。

致疯狂的人：

他们特立独行，他们桀骜不驯，他们惹是生非，他们格格不入，他们用与众不同的眼光看待事物，他们不喜欢墨守成规，他们也不愿安于现状。

你可以认同他们，反对他们，颂扬或是诋毁他们，但唯独不能漠视他们。因为他们改变了寻常事物。他们推动人类向前迈进。

或许他们是别人眼里的疯子，但他们却是我们眼中的天才。因为只有那些疯狂到以为自己能够改变世界的人……才能真正改变世界。

李践

2024 年 5 月 23 日

目　录

错位竞争

第 1 章

"独一无二"

企业要活下来，生存下去，要有一招制胜的"绝活"。这个"绝活"就是"独一无二"的用户价值，就是极致差异化。

1.1

"我"等于什么

在正式开启本书的阅读之前，请你拿起手中的笔，花两分钟思考："'我'等于什么"或者"用户为什么买'我'"，随后，将你的答案写在下面的横线上。

无须拘泥于答案的准确性，因为本书将带你逐步揭示这一问题背后的深层逻辑。当你读完本书后，再回头审视并修正你的答案。这将是一个极具启发性的学习过程。毕竟，带着问题学习是最高效的学习方法。

错位竞争，实质就是解决企业所面临的两个核心问题：

● "我"等于什么——"我"的标签是什么？

● 用户为什么买"我"——用户为什么不选择别人，而选择"我"？

"用户为什么买'我'"这一问题，实际上是从用户的角度出发明确"'我'等于什么"。因此，这两个问题在本质上具有一致性，可以归纳为一个问题："我"等于什么？

"'我'等于什么"是一个关乎企业生死存亡

的重大问题。企业活下来、生存下去的关键要素在于企业是否有核心价值，是否具备核心竞争力。核心竞争力是企业的生存之基、发展之源。

企业从成立的那一刻起，就要清晰地回答"'我'等于什么"，把自己的核心价值找出来，始终围绕核心价值形成核心竞争力，逐步构建起坚实的护城河和壁垒，然后通过清晰、有力的传达，让用户看到"'我'等于什么"。

如果你无法清晰地回答"'我'等于什么"，说明你的企业缺乏核心竞争力，无法为用户提供核心价值。

这也意味着，过去数年甚至数十年，企业所付出的努力等于白费。企业既没有形成核心竞争力，也没有给用户一个独一无二的购买理由。企业没有核心价值，没有核心竞争力，就没有生命力。

以一家专注于普洱茶业务的企业为例。

一天晚上，该企业经营者联系我，希望能得到我的帮助。在通话中，他详细地介绍了企业的运营情况，包括他是如何有效整合各方资源来推动企业发展的。当然，他也坦诚地提及了企业当前所面临的生存困境——行业大打价格战，企业业绩下滑，用户数量减少。

听完他的叙述后，我迅速地找出了问题的核心，但并未立即指出来。我问他："你的企业等于什么？用户为什么要购买你的普洱茶，而不是其他企业的普洱茶？"

稍作思考后，他再次详细地描述了自己的企业，以及企业所生产的普洱茶有多么好喝，整个讲述过程持续了20分钟。

这时，我忍不住打断了他的陈述，进一步追问：

"当前市场上不缺普洱茶。我现在住的酒店给我提供的普洱茶是免费的,晚上我品尝了一下,茶的品质也很好。现在,请你用一句话回答'我为什么要买你的普洱茶','你'等于什么。"

这时,这位企业经营者终于听懂了我的问题。他思考了一会儿,告诉我:"'我'等于好普洱茶,用户买我的普洱茶,就是在买'好喝、陈香、古树、健康'。"

现在,听完这位茶叶企业经营者的购买理由后,假设你是用户,你会购买他的普洱茶吗?

坦率地讲,我不会购买。下面,我将分析一下"我为什么不买"。

原因一:无。这家经营近 10 年的茶叶企业一直没有清晰地回答"'我'等于什么",只是在我的不断追问下，企业经营者才透露出一丝模糊的方向，比如"好普洱茶"。

什么是"好普洱茶"？"好"的标准是什么？是香气扑鼻，还是口感醇厚？是色泽鲜亮，还是回味悠长？酒店免费提供的普洱茶，我喝着口感也很好，那么为什么还要花钱购买他的普洱茶？

重点：**一句话说不清的核心价值，等于没有。**

原因二：全。很多企业经营者认为"全"意味着面面俱到、万无一失。在我看来，"全"可能预示着"全军覆没"的风险。

"好喝、陈香、古树、健康"，这四个词乍听之下，都是用户购买普洱茶的理由，都很有吸引力。但是，当一家茶叶企业想把"好喝、陈香、古树、健康"等所有的用户价值都做到极致时，这意味着它一个都做不好。因为企业的时间和资源有限，企业经营者的精力有限。

《大学》里说："物有本末，事有终始。知所先后，则近道矣。"这句话的意思是说世上的事物都有本末始终，我们只有明确主次，才能接近事物发展的规律。

什么是"主次"？就是企业要先把第一件事做好，再做第二件事，不能同时做几件事。这就好比我们一双手不能同时抓住十只鸡，这种做法既不合理也不切实际。

重点：样样行，等于样样都不行。

这家茶叶企业为什么经营了近 10 年，仍然会面临生存危机和价格战？

核心原因在于，企业从成立时就没有清晰地回答"'我'等于什么"，也就是没有找到自身的核心价值，没有练成"绝活"。

一家缺乏核心价值的企业，无论其经营 10 年、20 年，最终的付出和努力都将是白费。

凡是成功的企业都有一个共同特点，那就是它们在一开始就清晰地回答了"'我'等于什么"。

举例，行动教育等于什么？行动教育等于"世界级实效管理教育"。

其中，"世界级"是企业的战略选择，我们选择成为"雄鹰"，要做一家世界级企业。"实效"是行动教育的核心价值和核心竞争力。用户为什么选择购买行动教育的管理教育课程？用户买的是"实效"。"管理教育"是行动教育的产品。

举例，天农食品等于什么？天农食品等于"全世界最好的一只鸡"。

其中，"全世界"是天农的战略，是天农的资源配置标准，天农要做世界级食品企业。"最好"

是天农的核心价值。用户为什么选择购买天农的鸡？用户买的是"最好"。"鸡"是天农的产品，是企业战略和核心价值的载体。

再举例，名创优品等于什么？名创优品等于"全球 IP 联名集合店"。

其中，"全球"是名创优品的战略，名创优品要成为全球第一的 IP 设计零售集团。"IP 联名"是名创优品的核心价值。用户为什么选择购买名创优品的产品？用户买的是 IP 联名，买的是文化、艺术和潮流。"集合店"是名创优品的商业模式，通过集合多种 IP 联名产品，提供一站式的购物体验，满足用户对多元化、个性化产品的需求。

战略、价值、产品，就是一家企业的"战略三板斧"。把"战略三板斧"说成三件事情，就是：

● 战略选择——"我"要成为谁；

● 价值定位——"我"等于什么；

● 产品定位——"我"能提供什么。

错位竞争，也就是这本书要帮助企业找到自己的核心价值、标签，找到"'我'等于什么"。比如，行动教育等于"实效"；天农等于"最好的一只鸡"；名创优品等于"IP 联名"；京东等于"快"；天猫等于"好"；拼多多等于"省"；淘宝等于"多"。

任何一家企业，都应该找到"'我'等于什么"，因为它是企业谋求生存和发展的唯一依靠，是企业的核心竞争力。

当你撸起袖子准备大干一场时，我建议你反复问自己这个问题。

1.2

开创独一无二的用户价值

什么是"错位竞争"？

错位竞争的关键在于"错"字，它代表"开创"与"颠覆"。一家企业最重要的核心价值来自开创。

那么，企业要开创什么呢？比如，经营餐馆要开创什么？经营酒店要开创什么？经营服装企业要开创什么？

答案是：企业要开创独一无二的用户价值。

无论是制造业、服务业，还是高科技领域，任何行业的企业都要开创独一无二的用户价值。

企业通过发掘与竞争对手不同的空白市场，为用户创造独一无二的价值，从而避免直接与"雄鹰"对手进行激烈竞争，实现错位飞行。

因此，"'我'等于什么"这一问题的准确答案是：开创独一无二的用户价值。

举例，特斯拉在汽车领域开创了智能汽车；可口可乐在饮料市场开创了碳酸饮料；红牛则开创了能量饮料。

在方便面行业，有一家企业通过错位竞争，不断开创独一无二的用户价值，成为行业的佼佼者。这家企业就是今麦郎。

2023年9月，在全国工商联发布的"2023中国制造业民营企业 500 强榜单"中,今麦郎再次强势入围。在当前方便面行业整体增长乏力的背景下,今麦郎是如何实现赛道加速,逆势生长的呢?

今麦郎创始人范现国先生给出的答案是:错位竞争,品类创新,开创独一无二的用户价值。

让我们把时间的镜头拉回到 1994 年。

彼时,中国方便面市场呈现出康师傅、统一、华丰三大品牌并驾齐驱的竞争格局。刚刚成立的华龙集团(今麦郎前身)想要生存下来并在市场上站稳脚跟,并不容易。

范现国先生深知,在一条已经拥挤不堪的赛道上,仅凭模仿或跟随,难以超越实力强大的竞争对手。面对这些领先的"雄鹰",今麦郎这只"雏鹰"要想崭露头角实现逆袭,要另辟蹊径,不走寻常路。他认为,没有任何一家企业强大到无法被挑战，也没有任何一家企业弱小到无法去竞争，关键在于抓住"牛鼻子"。"牛鼻子"就是用户的需求点、竞争对手的弱点以及市场的空白点。

通过抓住"牛鼻子"，今麦郎避开康师傅、统一、华丰进军一线城市的打法，以超高性价比优势产品，深耕三四线市场，实施"农村包围城市"的错位竞争策略，巧妙地避开了与一线品牌在城市市场的正面交锋，同时也充分发掘了农村市场的巨大潜力，为今麦郎的发展开辟了一条新路径。

为了抢占用户心智，让用户知道"今麦郎等于什么"，今麦郎在营销上开创了墙体广告。其标志性的广告语"华龙面，天天见"以大字形式广泛覆盖于国道、省道两侧，深入人心，家喻户晓，成为当时"墙体广告之最"。

华龙面当时有多火？据范现国先生回忆，当时企业连续6个春节没放假，全体干部员工轮班上岗保障生产，确保产品的及时供应，以应对市场的需求。

这是今麦郎第一次采取错位竞争，这一策略的成功实施，使其在农村市场迅速崛起，成为行业领先的首家民营方便面企业。2001 年末，今麦郎的总资产超过 30 亿元，产品覆盖全国 30 个省、1900 个县，超越华丰，成为仅次于康师傅和统一的中国第三大方便面品牌。

时间的齿轮转到了 2002 年。

范现国先生敏锐地发现，随着国家城市化进程的加速和用户需求的多元化，单纯依赖农村市场和价格优势已难以支撑企业的可持续发展和战略性成长。企业的未来一定需要城市市场，而且要不断开创新赛道、打造新品类，企业才能在激烈的市场竞争中真正胜出。因此，他做出了一个重大决策：放弃经营多年的华龙品牌，全力打造一个全新的企业品牌，以满足市场不断变化的需求。

这个崭新的品牌，就是我们所熟知的"今麦郎"。

站在新的起点上，今麦郎第二次选择了错位竞争。当康师傅、统一等业界巨头将方便面市场聚焦于"快速、便捷、实惠"时，今麦郎以"弹面"为核心价值，开创了全新的产品概念与用户价值。通过深入人心的广告语"弹得好，弹得妙，弹得味道呱呱叫"，成功占领了大批用户的心智。

"弹面"一经推出，就奠定了今麦郎的江湖地位，销量持续增长，成功跻身城市高端市场，打破了行业巨头垄断的局面。

2016年，随着新消费时代的来临，中共中央、国务院印发了《"健康中国2030"规划纲要》，其中提出了减油、减盐、减糖的目标。这一宏观政策的提出让范现国先生产生了深刻共鸣，他意识到：国家有要求，人民有需求，企业就应该有信仰，行业才有希望。

为了响应国家"三减政策"的要求，以及满足用户对健康的需求，今麦郎又一次选择错位竞争，跳出固有思维模式，开始做更高层级的探索。今麦郎从制作工艺上寻找突破点，以创新蒸煮工艺取代传统方便面的油炸工艺，开创了"0油炸健康面"，改变了人们心目中对方便面的传统认知，重新定义了"方便面"，引领了0油炸健康面新时代。

"拉面范"采用的蒸煮工艺，以颠覆性的创新终结了日本领导了60年的油炸工艺时代，为用户带来了一碗健康的中国方便面。"拉面范"上市不足一年，单品销量增幅高达180%，用户笑称"妈妈再也不反对我吃方便面了"。

随后，在方便面行业面临原材料棕榈油、面粉等价格持续上涨、外卖和速食新品类双重夹击的"寒冬"里，今麦郎成功地避开了价格战、流量战的"野性内耗"，凭借"拉面范""板面""绿牛"等核心产品的错位竞争，确保了企业的持续增长。

纵观今麦郎的整个发展历程，我们不难发现，这家企业一直走在错位竞争的道路上，勇于探索、另辟蹊径、大胆创新、颠覆传统，开创了独一无二的用户价值。

今麦郎为什么要选择错位竞争？

范现国先生认为，错位竞争不是企业走不走的问题，而是企业要想生存下来，要想可持续发展，必须走的问题。

企业选择错位竞争，选择开创，就要跳出跟随者的舒适圈，往往越难走的道路，越可能成功；越舒服的道路，越容易失败。企业要做难而正确的事，错位竞争很难，却是正确的事。只有披荆斩棘走过去，才能获得真正的成功。

错位竞争不是企业走不走的问题，而是企业要想生存下来，要想可持续发展，必须走的问题。

——今麦郎董事长范现国

这是一家企业从无到有、从小到大、从弱到强的故事，同时也折射出中国食品行业的蓬勃发展和时代变迁。

正是秉持着以错位竞争，品类创新，开创独一无二的用户价值为核心的经营理念，通过持续的创新和自我迭代，今麦郎逐步构筑了坚实的壁垒，有了"绝活"。正是这些核心价值，使得今麦郎一次次穿越了经济周期，实现了30年的跨越式发展，朝着国际化与高质量发展之路前行，展现出旺盛的生命力与活力。

1.3

一招制胜的"绝活"

接下来，我以经营过桥米线店为例，进一步为大家解答"什么是错位竞争"。

过桥米线店想要生存下去，首先要做战略选择。我们要选择成为"雄鹰"，做世界级过桥米线店。

选择大于努力。如果我们选择成为"苍蝇"，再努力也没有用，因为在自然法则里，苍蝇的平均寿命仅有 1 到 2 个月；如果我们选择成为"麻雀""大雁",相比"苍蝇"可能会活得久一些,但寿命也不长,麻雀的平均寿命在 3 到 6 年,大雁的平均寿命在 8 到 9 年。

唯有选择成为"雄鹰",我们经营的过桥米线店才能活得更久。"雄鹰"的平均寿命是 50 年左右。

此刻,我们会发现一个逻辑:世界上最强大的法则是自然法则。老子曾说:"人法地,地法天,天法道,道法自然。"人的法则其实是最小的。所以,顺其自然才是人类的生存之道,也是企业的生存之道。

当我们选择成为"雄鹰",就有了"雄鹰"的基因。但此时我们的过桥米线店还只是行业内的一只"雏鹰",势单力薄,在成长为"雄鹰"的道路上,不可避免地要受到行业内"鹰王"(行业领先企业)的围追堵截。

"鹰王"有大量资金、高超技术、稀缺人才和用户资源，它们用自己在行业里积累的先发优势，在"雏鹰"的发展道路上竖起了一道屏障。这时，我们的过桥米线店凭什么生存下去？

企业生存下去的关键点来自两个字：绝活。

企业要活下来、生存下去，要有一招制胜的"绝活"。什么是一招制胜的"绝活"？

一招制胜的"绝活"就是独一无二的用户价值，就是企业的核心竞争力。

很多企业经营者经常"耍嘴皮子"，说"人无我有，人有我优，人优我新"，试图通过这种方式来告诉用户自己的独特之处。然而，仔细审视这种说法，我们会发现它其实并不是真正的独一无二，更不是错位竞争。

　　什么是"独一无二"？

　　独一无二不是简单的差异化，而是极致差异化。我们不仅要把过桥米线店经营得和"隔壁老王""对面老陈"不一样，还要和所有的过桥米线店都不一样。简单的差异化容易被同行模仿、复制，从而失去独特性。错位竞争要求企业做到极致差异化。

　　以经营过桥米线店为例。我们要找到过桥米线的"绝活"，也就是它等于什么，是等于"鲜"，还是等于"辣"，或是等于"浓"？如果我们找到的"绝活"是"鲜"，就要把它做到极致差异化。

　　为了更形象地解释这一点，我们可以采用一个类比。

　　一个武林高手若想称霸江湖，首先需要找到自己的"独门秘籍"，然后一门心思地琢磨、钻研、反复修炼这门秘籍，直至他能够凭借"独门秘籍"一招制胜。一旦他的"独门秘籍"达到了炉火纯青的地步，成为"绝活"，他便成了武林第一高手，无人能敌。

从一家仅有几十名员工的小工厂，到营收突破 728 亿元的全球规模最大的铝合金材料生产与研发基地，其中铝合金棒材的市场占有率更是连续多年位居全球第一。2022 年 12 月，创新金属的母公司——创新新材料科技股份有限公司（简称创新新材）在上海证券交易所 A 股主板上市。

创新，就如同它的名字一样，创造了一个新的传奇。那么，创新金属凭的是什么？

先给大家简单介绍一下创新金属这家企业。

创新金属成立于 2007 年，是一家集生产、研发、销售于一体的现代化大型综合企业，主要生产高端铝合金棒材、板材、线材、型材、结构件等产品，广泛应用于交通运输、汽车、工业产品、电子、电力等多个领域。

创新金属到底凭什么能够在激烈的市场竞争中脱颖而出，成为行业的佼佼者呢？

创新金属董事长崔立新先生给出的答案是：选择永远大于努力，创新金属从成立至今，一直在选择错位竞争。只有为用户创造独一无二的价值，企业才能获得生存和发展。

从成立那天起，创新金属就面临着激烈的市场竞争。创新金属主要聚焦铝产品加工，这一细分领域的参与者大多以小型企业为主，数量众多，市场竞争激烈，各企业为了抢占市场份额大打价格战，以价换量，抢夺订单的情况频发。

在这样的环境下，创新金属想要生存下来并且发展壮大，要有一招制胜的"绝活"。如果没有"绝活"，企业就会陷入同质化竞争的泥沼，最终卷入无休无止的价格战。

什么才是创新金属的"绝活"？

"绝活"就是为用户创造独一无二的价值。"绝活"不是简单的差异化，而是极致差异化。简单的差异化容易被同行模仿、复制，只有做到极致差异化，创新金属才能形成核心竞争力。

创新金属的"绝活"就是"创新"。

20年前，"创新"这个词没有现在这么火。基于对金属材料的理解和对世界铝产业近百年发展历程的分析，创新金属预计铝材料未来前景非常广阔，想用创新的手段、创新的研发来生产更高端的铝合金材料。

为了强调"创新",崔立新先生就给企业起了"创新"这个名字。

由此,创新金属锁定"创新"这一字眼,开始修炼自己的"绝活"。

与其他企业不同的是,创新金属的"创新"是多方位的创新,不仅仅局限于产品创新,还包括技术创新、管理创新、经营模式创新。"创新"就是创新金属的基因,刻在了企业的骨子里。

创新金属的产品创新,"新"在哪里?

铝材料的创新往往需要大量的、长时间的人、财、物的投入。这对很多企业来说是一个巨大的挑战。创新金属二十几年一直紧盯市场需求,紧盯用户需求,甘愿坐"冷板凳",勇于探索、不怕失败,敢于啃硬骨头,不断地开发新的铝合金产品来服务用户、服务行业、服务社会。

为了做好产品创新和技术创新，创新金属 2023 年研发费用达 2.69 亿元。创新金属拥有内部技术研发人员六百余名，有自己的院士工作站、博士后工作站，与国内多所知名高校、科研机构共建研发基地、工程技术中心，推动研发成果落地，为创新发展提供了源源不断的动力支持。

在这些高标准资源配置下，创新金属发起或参与制定了 18 项国家标准，多项产品打破了国外技术垄断。

比如高强超导线缆国家标准就是创新金属发起制定的。2008 年，我国遭遇寒潮侵袭，霜冻压塌了大量高压输电线，给人们的生产、经营、生活带来很大影响。之所以造成这种局面，很大程度是由于国内生产的线缆强度不够。当时这种轻金属技术主要被美国、日本两个国家垄断，国外对我们实施技术封锁，国内不能生产，只能高价从国外进口。

为了攻克这项技术，创新金属投入了大量人力、物力、财力，想尽一切办法反复做实验，最终获得成功。这项技术的国家标准后来被应用到国内电网工程中。

创新金属参与推进行业技术突破，让我国摆脱了线缆产品对国外的依赖，这就是创新金属不断在"创新"上死磕，练成的"绝活"。

创新金属的管理创新，强在哪里？

企业的创新离不开文化的支撑。这是因为创新需要在良好的创新环境中进行。因此，创新金属非常重视创新型企业文化的构建。

创新金属将博大精深的齐鲁文化与现代企业管理理念相结合，形成了独具特色的共创共享文化。这是创新金属走向国际舞台的铺路之石，更是激励创新人砥砺奋发的强大力量。创新金属的企业文化围绕"创新"，以润物细无声的方式影响着每一位员工，让他们在工作中不断追求卓越，勇于突破。

下面是创新金属的企业文化：

企业理念：创新成就未来；

企业精神：求真务实，开拓创新；

企业宗旨：科技创新，推动行业发展进步；

经营理念："德"客户者得天下；

企业目标：争当行业领军，打造百年企业。

在知识经济时代，企业的创新也离不开组织的学习。创新金属采用"定标、对标、标准"的做法，以打造学习型组织为核心，不断更迭管理哲学与管理模型。一方面，要求每一位员工，特别是管理干部、技术干部终身学习，不断进步。另一方面，不断引进业内优秀管理干部、技术干部，助力员工共同进步。

持续地组织学习，使得创新金属迅速融入复杂多变的外部市场环境，形成具有自身文化特色的竞争优势。

创新金属的经营创新，"新"在哪里？

一家企业，如果不能持续创新、改进，那么这家企业是没有生命力的。未来，创新金属谋划了五条发展赛道，即高强高韧铝合金赛道、3C电子赛道、汽车轻量化赛道、高强超导线缆赛道、再生铝赛道。

这五条赛道构成了创新金属未来发展的五个核心方向，更是企业通过长期投入与不懈奋斗，力求在行业中建立稳定且持久的竞争优势的关键所在。

此外，创新金属的"创新"渗透在企业的各个环节，包括研、产、供、销、服等，专注"创新"，将资源和精力聚焦在一点上，持续投入和优化。只有这样，企业才能为用户创造独一无二的价值，构建自身的核心竞争力，实现真正的错位竞争。

那么，如此多"创新"，创新金属的抓手是什么？

崔立新先生的答案是："你要永远抓住用户的需求。产品创新也好，管理创新也好，经营创新也好，都要以用户的需求为中心。"

通过不断死磕"创新"，创新金属把"创新"做到极致差异化，练成了"绝活"，成了有色金属行业的"雄鹰"。

自 2017 年至今，创新金属连续 7 年入围中国企业 500 强，2023 年位列第 335 位，同时位列中国制造业企业 500 强第 169 位、中国民营企业 500 强第 149 位。

"欲学惊人艺，须下苦功夫；深功出巧匠，苦练出真功。"

企业与其在同质化竞争中幻想偶然的成功，不如练成一招制胜的"绝活"，紧盯科技之变、市场之变、对手之变，苦练"高敌一环、远敌一米、快敌一秒、胜敌一招"的实战本领，在危局、难局、险局中磨砺战斗作风。

只有把你所缺的、战场所需的、对手所怕的全面练到位、练过硬，练成"绝活"，你才能攻无不克、战无不胜。

不经"寒风裂征衣"的磨砺，一招制胜、一剑封喉的绝活如何练成？没有"飞雪裹战袍"的锻打，敢打必胜、所向披靡的劲旅怎能铸就？

经营企业就是在推石上山，逆水行舟，没有平坦的路可以走。有一天你推不动石头，石头落下来就会把你砸得粉身碎骨。所以经营企业就是永远在爬坡，没有停歇，连停一秒钟的机会都没有。

——创新金属董事长崔立新

错位竞争的难点在哪里？

错位竞争有两大难点。

第一大难点：企业很难找到自己的"绝活"。企业在找自己的"绝活"时，干扰太多，"多""快""好""省""专""精""特""新"，到底要选择哪条路，企业一直在左右摇摆中。

如果企业找不到自己的"绝活"，运营状态便会杂乱无章——企业时而追求"多"，时而追求"快"，时而追求"好"，时而追求"省"，四面出击而无所专注，最后的结果是企业什么都会一点，但什么都不精，无法为用户创造独一无二的价值，无法形成核心竞争力。

这就好比一个人要修炼武艺，如果他一会儿练剑，一会儿练拳，一会儿练掌，十八般武艺什么都练，最后很可能样样都会一招半式，但样样都不精通。如果一个人没有一门独步武林的绝活，便无法在武林中一招制胜。

真正的顶尖高手会选一招，练一招，精一招，用一招，一招制胜。

企业在找到自己的"绝活"，即回答"'我'等于什么"时，要取一舍九，专注"绝活"，将资源和精力聚焦在一点上，持续不断地进行投入。只有这样，企业才能为用户创造独一无二的价值，构建自身的核心竞争力，实现真正的错位竞争。

第二大难点：企业很难制造差距。比如，上述茶叶企业的"好喝、便捷、不贵"是所有茶叶企业的用户价值，并非该企业所独有。既然这些价值是普遍存在的，那么用户为什么一定要选"你"，而不是其他茶叶企业？

错位竞争不仅要有极致差异化，还要与竞争

对手制造差距。

我们选择"鲜"作为过桥米线店的"绝活"。错位竞争的关键在于我们要在"鲜"的用户价值上，与"隔壁老王""对面老陈"等所有的过桥米线店形成明显差距。

为此，我们要对"鲜"的用户价值进行持续迭代和升级，不断研发和尝试新的烹饪工艺，将食材的"鲜"最大程度地保留下来，确保每一位踏入店内的用户吃进去的每一口米线都有鲜美的滋味。

通过不断死磕"鲜"，我们成功地将其塑造为自身的独特标签，最终成为中国过桥米线领域的"第一鲜"。

为什么我们要选择"鲜"作为过桥米线店的"绝活"，而不是"辣"和"浓"？

本质原因就是我们能把"鲜"做到极致，与

其他过桥米线店制造差距。

比尔·盖茨曾经说过:"如果你的竞争对手有更好的产品、更好的服务或者更好的市场策略,那么你就需要变得更好,否则你就会被淘汰。"

一家企业的核心竞争力来自与竞争对手对比产生的差距,而非简单的差异。单纯的"差异"可能仅仅是企业的一个想法或点子的成功,而真正的"差距"则代表了企业在竞争中所具备的核心竞争力。

什么是"错位竞争"?

总结一下,错位竞争就是企业另辟蹊径,开创独一无二的用户价值,做一只不一样的"鹰"。其中,"独一无二"是错位竞争的核心。

- 独一无二:一招制胜的"绝活";
- 独一无二:独一无二等于极致差异化。

错位竞争

第 2 章

没有"独一无二"，就会
有无休止的价格战

价格战犹如一把锋利的"屠刀",基本上"格杀勿论"。一旦企业没有"独一无二",没有做到极致差异化,就会陷入产品同质化、过剩化的困境,最终被迫卷入无休止的价格战,拿起这把致命的"屠刀"。

2.1

价格战，没有赢家

接下来，我讲第二个重点：为什么企业一定要错位竞争？

一旦企业没有"独一无二"，没有做到极致差异化，就会陷入产品同质化、过剩化的困境，最终被迫卷入无休止的价格战。

先开明宗义，价格战，就是价格竞争，指的是企业试图通过薄利多销、降价促销等方式吸引用户，战胜竞争对手。

中国作为"世界工厂"，无论是在传统制造业，还是新兴产业领域，都已经进入存量竞争的新阶段。目前，我们已经形成了"三不缺"的局面，即不缺生产工厂、不缺生产设备、不缺生产人员，能够生产出堆积如山的产品。

在这一背景下，产品同质化、过剩化现象越来越严重，甚至不只是产品，企业还有相似的战略、相似的营销策略，甚至相似的企业文化。

产品同质化、过剩化给企业带来的直接后果就是：企业陷入价格战。

为了深入理解这一逻辑，我们先回顾一下企业利润的计算公式，即：

$$收入 - 成本 = 利润$$

以经营一家过桥米线店为例进行说明。

假设你的过桥米线店里每碗米线的定价是 10
元，每碗米线的成本是 9 元。根据利润的计算公
式，利润即 10 元 –9 元 =1 元，每售出一碗米线，
你将获得 1 元的利润。米线卖得越多，你的利润就
越高。

如果你的过桥米线店没有为用户提供独一无
二的价值，比如在米线的口味上没有做到极致鲜，
没有与同一条街上的过桥米线店形成明显差距，那
么意味着你的过桥米线店没有核心竞争力，别人一
看就懂，一学就会。

一旦"隔壁老王""对面老陈"发现你的过桥
米线店有利可图时，他们可能会迅速模仿并推出类
似的产品。为了争夺用户，他们会打价格战，你的
过桥米线 10 元一碗，他们就卖 8 元一碗、6 元一
碗、5 元一碗……只要你的店还活着，他们和你的
价格竞争就永无止境。

试问，同样一碗过桥米线、同样的口味、同样的品质、同样的服务，而"隔壁老王""对面老陈"的过桥米线卖得比你便宜，用户凭什么选择你？

随着用户的减少，店里的库存积压问题将逐渐凸显。因为你已经采购了大量的米线、肉等食材，但由于缺乏用户，这些食材无法转化为收入。为了活下去，你不得不将每碗过桥米线的价格从10元降到8元、6元……

一旦开始降价，你就会发现你的过桥米线店开始亏损。为什么？

核心原因在于，降价并未改变一碗米线生产的总成本，比如原材料、人工、租金等固定支出，这些成本不会随着降价而减少，每碗过桥米线的总成本依然是9元。

根据利润的计算公式，即 8 元 –9 元 =–1 元，这意味着，降价后，每售出一碗米线，你将承受 1 元的亏损，并且销量越高，亏损就越大。

产品同质化是每家企业在发展过程中不可避免的。当你的产品在市场上赢得广大用户的青睐时，必然会吸引新的市场进入者快速跟进，进而与你展开激烈的价格竞争。

无论是服务业、制造业，还是科技行业、互联网行业，只要企业没有"独一无二"，没有极致差异化，企业将很难生存。

企业能抗衡价格战的只有你的"独一无二"，当企业把自身的"一"做到极致差异化，让其他竞争者难以模仿和超越时，企业就彻底走出了无止境的价格战泥潭。

管理学大师彼得·德鲁克说："在一个同质化

商品的市场当中，你最多能和你最笨的竞争对手一样成功。"这句话是什么意思？

当你遭遇一个不断采取价格竞争的愚蠢对手时，如果你也选择不断降价竞争，那么你最终只能与这位愚蠢的对手一样成功。

在现实的企业竞争中，一说到"价格战"，企业经营者往往是"一把辛酸泪，谁解其中味"。大家都明白价格战是企业竞争中最直接、最惨烈的一种形式，同时也是风险最高、代价最大的一种竞争方式，但企业又不得不卷入其中。

其中的缘由有二。

薄利 ≠ 多销

在企业经营中，有一句话误导了很多企业经营者，这句话是"薄利多销"。

在很多企业经营者的惯性思维里，当产品卖不动时，首先想到的解决方法就是"降价"。在他们看来，只要产品价格比同行低，销量就能"嗖嗖"往上涨。哪怕此时企业的利润已经薄得像纸片，但只要产品销量大，就能通过以价换量的方式实现盈利。但事实并非如此。

首先，降价是一种懒政行为。当企业面临激烈的市场竞争时，企业经营者既不进行深入的市场分析，也不洞察用户的真实需求，更不愿意研究竞品，那么降价便成了一种最简单的竞争方式。

其次，也是最重要的，薄利多销是一种错误的商业逻辑。"薄利"和"多销"是两件事，"薄利"不等于"多销"。

一家企业利润的高低来源于战略、价值创新，具体包括企业的管理效率、产品品质、商业模式等。而"多销"来源于品牌的知名度、销售渠道的拓展、用户关系的建立与维护、有效的营销策略等。

企业要想产品多销，利润是背后的强大推手。因为产品多销要靠品牌推广、渠道拓展、用户运营、营销策略等动作来实现，这些动作需要企业"花重金""出重兵"。

如果企业利润微薄，那么"弹药"和"粮草"就会捉襟见肘，品牌推广、渠道拓展、营销推广这些硬仗，可能会因为资金短缺而打得束手束脚，自然达不到产品多销的目标。

所以，"薄利"并不能直接导致"多销"，反而可能因为缺乏足够的资金支持而导致营销和推广活动的力度不足，从而影响企业的销售业绩和市场份额。

既然"薄利"并不等于"多销"，那么产品的销量取决于什么？

产品能否实现多销取决于其是否能够为用户创造独一无二的价值，是否能够实现极致差异化。

举例，华为每年都会在研发上投入大量的资源。据华为 2023 年年报显示，华为 2023 年营业收入 7042 亿元，净利润 870 亿元。其中，研发投入达到 1647 亿元，占全年收入的 23.4%，十年累计投入的研发费用超过 11100 亿元。

华为在研发上的投入如此巨大，就是想通过持续的研发创新，为用户提供独一无二的价值，构建自身的核心竞争力，从而实现产品多销的目标。

价格战＝同归于尽

这是每家企业的噩梦：竞争对手以更低的价格闯进你的地盘，提供相似的产品或服务。

此时，有的企业会主动选择或被迫参与价格战，把自己的产品或服务的价格降到低于竞争对手的水平。你以为只要把产品或服务的价格降下去，就能一举击败竞争对手，然后再慢慢把产品或服务的价格提上来。

那么，把产品或服务的价格降下去，一定能战胜竞争对手吗？

先给出结论：不能。价格战等于"同归于尽"。即使你成功地使竞争对手陷入困境，当这场价格战结束时，你可能会发现——"饿死同行，累死自己，坑死上下游"。

再回答为什么价格战不能战胜竞争对手。

选择通过价格战来击败竞争对手的商业逻辑听起来很吸引人：只要你的产品或服务价格低于同行，用户就会争先恐后地选择你，购买你的产品或服务。听起来是不是很美好？

但要知道，这一商业逻辑是行不通的，至少在现在的商业环境中是行不通的。彼得·德鲁克在《未来的管理》中提到："贿赂消费者是行不通的，是不可持续的。"

首先，即使企业的产品或服务已经做到极低的价格了，用户可能也不会买账，甚至会认为你的产品或服务比竞争对手差。

其次，竞争对手并非愚钝之辈，你降价，他一样可以跟着降价。郭德纲有一个段子，说的是有个人开了一家烧烤店，为了争夺客源，附近的烧烤店纷纷降价。面对这种情况，这个人也开始降价，最终降到两毛钱一串羊肉串。结果，他降价的第一天，店里的羊肉串就被抢购一空，而这些购买者竟然是附近烧烤店的经营者。

　　陷入价格战的品牌永远做不成大品牌。德国人深谙此道，将"禁止打价格战"写入法律。正是基于这样的商业理念，尽管德国人口仅有 8000 万，却造就了 2300 多个世界级名牌，让"德国制造"享誉全球。

　　因此，价格战并不能打败竞争对手，只能打垮自己。

　　价格战不仅关乎企业自身利益，还关乎整个利益链条，包括供应商、经销商、用户、员工等，不仅关乎市场、同行、竞争对手，还关乎人与人之间的信任。

　　如果企业通过价格战打败了对手，但自身元气大伤，或者企业在行业中取得了领导地位，但是整个行业已经遭受了毁灭性的打击，这样的胜利有何意义？

价格战犹如一把锋利的"屠刀"，往往"杀敌一千，自损八百"。一旦企业没有"独一无二"，没有做到极致差异化，就会陷入产品同质化、过剩化的困境，最终被迫卷入无休止的价格战，拿起这把致命的"屠刀"。

2.2

价格战的"双维绝杀"

一旦企业陷入价格战，将不可避免地遭遇"双维绝杀"。

● 第一个维度：价格战会"杀"战略；
● 第二个维度：价格战会"杀"用户。

降本"杀"战略

价格战的第一刀就直戳企业的"心脏"——战略。那么，价格战是如何"杀"战略的？

企业经营的核心在于理解并把握一个至关重要的商业逻辑：成本就是战略。值得一提的是，很多企业经营者直到今天仍然不知道这一商业逻辑。成本反映了企业的资源配置——企业在人、财、物、产、供、销、服等各个环节上的资源配置标准，进而体现了企业的成本结构和战略选择。

以五星级酒店、汉庭酒店和全季酒店为例，即使它们开在同一条街道，价格也大相径庭。为什么？

因为各自的战略选择不同。

五星级酒店的战略选择是"五星级"，它锁定的是高端市场。相应地，酒店的服务和设施自然要达到五星级标准，以满足用户的高品质住宿需求。

也就是说，五星级酒店等于高品质。为了做到极致"高品质"，与"四星级""三星级"酒店在品质上形成差异，五星级酒店会提供豪华的客房、一流的餐饮服务、宽敞的会议室以及丰富的休闲娱乐设施。这些"高品质"的服务和设施需要大量的成本投入。因此，五星级酒店的客房价格相对较高。

汉庭酒店和全季酒店的战略选择可能是"三星级"或"二星级"，它们锁定的是中端市场。相应地，酒店的服务和设施相对简单，以满足用户的基本住宿需求为主，注重实用性。

也就是说，汉庭酒店或全季酒店等于"实用"或"性价比"。为了做到极致"实用"或极致"性价比"，与其他酒店在"实用"或"性价比"上形成差异，它们会提供舒适且干净的客房、基本的餐饮服务、简易的会议设施和休闲设施等。与五星级酒店相比，汉庭酒店和全季酒店在成本投入上相对较低，因此其客房价格也更低。

因此，一家企业产品或服务的价格不仅关系到利润，而且关系到企业战略和资源配置。五星级酒店为什么能被评为"五星级"酒店？这是由成本决定的。

战略就是资源配置，资源配置就是成本，成本就是战略。

如今，企业的利润已经薄如纸片，价格战犹如"割肉自杀"，价格一降，企业的利润就没了。为确保企业能够盈利，企业就会降本。

过去五星级酒店的战略是"五星级"，用的产品是五星级标准，提供给用户的是五星级体验，在用户心中形成了"'我'等于高品质"的印象。

比如，为了满足不同国籍用户的需求，五星级酒店配备了精通多国语言的专业迎宾员，他们会全天候待命，以确保为每位用户提供周到细致的接待服务；酒店大堂和会议室的灯具均是从土耳其精心挑选的进口产品，而酒店所使用的大理石则源自西班牙或意大利的优质矿藏……

这些资源配置共同构成了酒店五星级的体验标准，赢得了用户，特别是老用户的信赖。

当五星级酒店参与价格战后，为了降低运营成本，不得不降低资源配置，开始"偷工减料""以次充好"。比如，为了降低人力成本，酒店的迎宾员从专业级降为普通级，迎宾员只掌握一门语言；为了降低物力成本，酒店可能选择较为便宜的灯具和大理石……

这些看似细微的调整，实则在潜移默化中改变了企业战略。当酒店从原本的"五星级"降至"四星级""三星级"，五星级酒店在用户心中不再等于"高品质"。这意味着酒店原来的"五星级"战略被"杀"了。

战略是方向,是企业未来 10 年、20 年后的样子。形象地比喻,战略如同汽车的方向盘,企业则如同行驶的汽车。试想一下,一辆没有方向盘的汽车,行驶途中会出现什么后果?

大概率会"车毁企亡"。

没有"独一无二",企业就会陷入无休止价格战,为追求价格优势,企业就会降价,降价就会降本,成本就是战略,降本就会"杀"战略。这就是价格战"杀"战略的内在逻辑。

降质"杀"用户

当企业选择价格战这条路时,面临的最大难题就是如何避免亏损。于是,在利润的驱使下,绝大多数企业会做第二个动作:降质。企业通过降低产品或服务的品质,比如通过偷工减料、以次充好的方式来降低企业成本。

企业一旦降质，就意味着开始"杀"用户。

首先，**降质会"杀"老用户**。企业 80% 的利润来自老用户。当企业为了降低成本而牺牲产品或服务的品质，采取偷工减料、以次充好等手段时，这些行为往往最先被老用户所察觉。

老用户之所以选择入住五星级酒店，正是因为他们期待并享受这类酒店所提供的高品质服务。一旦他们发现酒店的服务品质未能达到以往的高标准，他们便会毫不犹豫地选择其他五星级酒店。

一家企业赢得一批忠实的老用户可能需要几年，甚至数十年的努力与投入，而失去他们的信任往往只在一个瞬间、一个细节上。

其次，**降质会"杀"新用户**。现在，降价已经让企业失去了老用户，那么因降价而被吸引过来的新用户会成为忠实的老用户吗？

大概率不会！

原因在于，这些新用户原本并非五星级酒店的目标用户，他们可能更倾向于选择经济型酒店。当五星级酒店降低客房价格后，虽然短期内可能会吸引一部分新用户，但当市场上出现价格更低的同类产品时，他们会迅速转向这些价格更低的酒店。

试想，一家失去用户的企业，结果会怎样？

企业失去了用户，就失去了生存的基础。

企业之所以选择价格战，是想通过薄利多销、降价促销等方式打败竞争对手，获得竞争优势，到最后却发现"偷鸡不成蚀把米"——既"杀"了战略，又"杀"了有价值的老用户，还吸引不来新用户。

更可怕的是，降价永无止境，它犹如一个无底洞，没有最低，只有更低。价格战会使企业陷入恶性循环之中。

企业竞争的本质是用户价值之争。无论企业是主动选择价格战，还是被迫卷入价格战，都将不可避免地遭遇"双维绝杀"。归根结底——

- **价格战"杀"战略：**战略就是资源配置，资源配置就是成本，成本就是战略，降价就会降本，降本就是"杀"战略。
- **价格战"杀"用户：**降价就会降本，降本就会降质，降质就会失去老用户和新用户。
- **价格战永无止境：**降价永无止境，没有最低，只有更低，价格战是个无底洞。

2.3

企业只有价值竞争，没有价格竞争

讲到"为什么企业要错位竞争"，有一个经典案例值得深入剖析，这也是我在课堂上经常引用的实例。

现在，让我们把目光转向这家"不加奶，要加水"的企业。

你为什么不"加奶"，要"加水"

几年前，在湖南长沙的课堂学习现场，有一家在食品领域深耕三十余载的企业。该企业不仅在中国主板市场成功上市，更以其强大的实力和卓越的业绩，成为食品行业的"雄鹰"。

我讲完第一天的课后，这家食品企业的董事长满脸愁容地带着负责企业财务工作的女儿找到我。董事长坦言："在过去的三十年里，我们始终坚持品质至上战略，通过提供卓越品质的产品，赢得了广大用户的信赖与支持，从而实现了企业的持续发展。"

故事的转折发生在三年前。董事长继续说道："食品行业不是高科技行业，无法做到极致差异化，我们面临的竞争压力越来越大，身边的竞争对手越来越多。为了打败我们，竞争对手选择了顺位竞争——无论我们做什么产品，升级什么产品，竞争对手只做两个动作：先复制后降价。"

"这些竞争对手利用降价促销，同样的产品，我们的定价为每瓶 25 元，而他们采用相同的配方，定价仅为每瓶 15 元。价格战导致我们失去了大量的用户，产品库存积压严重，市场占有率逐渐下滑，企业近几年一直处于亏损状态。面对这种困境，企业管理层和员工普遍认为，企业应该降价，否则企业就活不下去了。"

"老师，我们到底该不该降价？"说到这里，董事长眉头紧锁地向我提问。

我问他："降价以后，你们是如何降低成本的呢？"

我问完这句话后，这位董事长转过头看向女儿，迟疑了一下，然后坦诚地告诉我："我们在产品里面加水。"随后，他补充了一句："产品口感不会有问题，能喝，不难喝！"

"你为什么要加水？"我继续追问。

这位年过古稀之年的董事长无奈地说:"为了寻求价格竞争优势并降低生产成本,我们采取了向产品中掺入一定比例的水的策略。原本我们以为降价就可以薄利多销,打败竞争对手,进而扭转亏损局面,并夺回市场份额。"

"经过两年的价格竞争,我们发现企业的用户越来越少,渠道商纷纷选择退货,企业陷入持续亏损的困境。"

听到这里,同样身为企业经营者的我感同身受。经营企业不易。但凡取得卓越成就的企业经营者,无不是"走过千山万水,吃尽千辛万苦,道尽千言万语,历尽千难万险"。经营企业踩的每个坑,你能爬出来是财富,爬不出来就是"坟墓"。

这位董事长所面临的困境,实际上也是许多企业经营者共同面临的挑战。他们面对的真正问题在于:在商业竞争环境下,不知道除了"加水"之外，还能有什么方法。

我对该董事长说："你为什么不加奶，要加水？'加奶'就是避免价格战的方法。"

表面看起来，企业有两种选择，要么选择价格竞争——"加水"，要么选择价值竞争——"加奶"。

实际上，**企业竞争只有一条路——只有价值竞争，没有价格竞争**。因为用户买的是价值，而不是价格。降价没有为用户创造价值，反而是在毁灭用户价值。即使企业通过降价暂时吸引了用户，但如果企业的产品或服务不能满足用户的实际需求，用户依然会对企业产生强烈不满。因为企业浪费了用户的时间和资源。

如果企业只能通过降价来赢得用户，那么恰

恰暴露了一个问题：企业没有为用户创造独一无二的价值，没有极致差异化。

那么，如何解决这一问题呢？

企业依然要回到企业利润计算公式上来思考。当企业选择"加水"时，表面看，企业的成本是下降了，但产品品质也下降了。产品品质下降，意味着企业开始"杀"战略和用户。

在这种情况下，企业开始亏损，进入了恶性循环。

当企业选择"加奶"时，表面看，企业的成本从原来的"9"上升到"10"。成本是战略，它反映了企业资源的配置标准。通过增加成本投入，企业可以开创独一无二的用户价值，找到"'我'等于什么"，比如"'我'等于高品质"，然后聚焦"高品质"，死磕到底，把"高品质"做到极致差异化，与竞争对手形成差距。

"加奶"的目的是实现用户价值的极致差异化，继而提高产品定价，使收入从原来的"10"提升至"12"。这样，企业成本上升了，但因为有了核心竞争力，企业的收入也增加了。根据利润计算公式，即"12-10=2"，企业的利润由原来的"1"上升到"2"。

事实上，经营企业，把一件事做到极致，自然就成了。

比如，食品企业把"美味""健康""营养"中的任何一个价值做到极致，便能在竞争激烈的市场中脱颖而出。同样地，服装企业把"美丽""年轻""时尚""气质"中的任何一个价值做到极致，也能赢得用户的青睐。

把一件事做到极致，胜过平庸地做一万件事。

企业没有价格战，只有总成本领先战略

企业经营者要牢记一个基本的商业逻辑：企业没有价格战，只有总成本领先战略。

总成本领先战略，本质上是一种价值竞争，而不是价格竞争。选择总成本领先战略的企业，为大众用户开创了"极致性价比"的价值，告诉用户"'我'等于极致性价比"，构建了极致成本的核心竞争力。

以经营过桥米线店为例。假设市场上每碗米线的平均成本为8元，若你能在不牺牲产品品质的前提下，将成本有效控制在6元，并告诉用户"'我'等于便宜又好吃"，那么这2元的成本差异就构成了你的利润空间，成为你的"护城河"和核心竞争力。这就是总成本领先战略。

再以汉庭酒店和全季酒店为例，尽管这两家

酒店的客房价格比五星级酒店低，但它们之间的
竞争不是价格竞争，而是价值竞争。因为它们选择
了总成本领先战略，通过精细化的管理和高效的运
营，将每间客房的成本控制在极低水平，从而实现
了极致的性价比。这种战略不仅为用户提供了更为
经济实惠的住宿选择，同时也为酒店自身构建了核
心竞争力。

　　说到这里，我们还是要赶紧回到"你为什么
不加奶，要加水"的案例中去，因为我还没有把这
个故事讲完。

　　这位董事长是一个雷厉风行的领导者，他在
深刻理解错位竞争后，立刻大刀阔斧地开启了企业
的改革。

　　该企业找到了独一无二的用户价值——"高品
质"，告诉用户"'我'等于高品质食品"，然后死
磕"高品质"，比如精选优质的原材料，确保每一

份产品都符合高标准的质量要求。

同时，该企业还引进了先进的生产技术和设备，不断提升产品质量……通过这些持续的迭代、升级，该企业把"高品质"做到了行业第一，与其他食品企业形成了明显差距。

经过几年的不懈努力，这家食品企业如今已经实现了稳健且持续的增长，不仅赢得了广大用户的喜爱和信赖，更在激烈的市场竞争中构筑起了"护城河"，有效避免了再次陷入价格战的困境。凭借这些成绩，该企业重新成了食品行业的"雄鹰"，展现出强大的竞争力和发展潜力。

尽管我在课堂上、在服务企业的过程中、在与企业经营者交流时以及在本书中都不遗余力地强调：企业要错位竞争，因为没有"独一无二"，就会有无休止的价格战。然而，错位竞争是典型的"知易行难"。

我经常听到企业经营者说："我知道要错位竞争，但是行不通或做不好。"

既然行不通、做不好，就证明你不知道事情该怎么办。是否行得通、做得好，是判断"知否"的基本标准。在企业竞争中，企业经营者对竞争有什么样的认知与理解，企业就会有什么样的竞争，什么样的结局。

《圣经》里说："你们要进窄门。因为引到灭亡，那门是宽的，路是大的，进去的人也多；引到永生，那门是窄的，路是小的，找着的人也少。"错位竞争就是"进窄门，走远路"。

"进窄门"，意味着企业要另辟蹊径，选择别人不愿意走的路，开创独一无二的用户价值。愚者贪捷径，智者入窄门。那些顶尖高手，总是会选择那些难以掌握、富有挑战性的武学典籍，从而提升自己的不可替代性。

　　"走远路"，意味着企业要取一舍九，死磕"独一无二"，做到极致差异化，练成"绝活"，与竞争对手形成差距。

　　经营企业，就是一场修行。企业经营者要做到：高高山顶立，深深海底行。

错位竞争

第 3 章

找到"独一无二":
三元法则

"三元法则"就是企业为找到"独一无二"
要研究的三个维度，即行业、用户、标杆。
当企业画完三个圆，三个圆交叉的点就是
企业的"独一无二"，就是企业的"绝活"。

要讲方法论了——企业怎么错位竞争，怎么把
"独一无二"做到极致差异化，练成"绝活"？

错位竞争的方法论有两大核心步骤、六个关
键动作。

- 找到"独一无二"：三元法则；
- 做到"独一无二"：三个一。

先讲第一大步骤——企业如何找到"独一无
二"？

"独一无二"不是企业经营者拍脑袋找到的，
要基于客观事实和规律去找。我给大家一套工具，
即"三元法则"。

"三元法则"就是企业找到"独一无二"要研
究的三个维度（三个圆），即行业、用户、标杆。
当企业画完三个圆，三个圆交叉的点就是企业的
"独一无二"，就是企业的"绝活"。

③3.1

行业：两条路，二选一

先讲第一个"圆"：研究行业。

无论企业属于什么行业，抽丝剥茧后，企业竞争最终只有两条路，企业要二选一，走到底。

要理解这一点，我们依然要回到企业利润计算的核心公式，如图 3-1 所示。

这一公式清晰地揭示了企业盈利的两个方向：要么提高产品或服务的价格，要么降低企业的总成本。

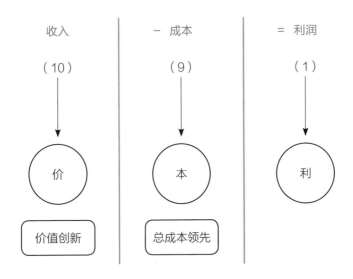

图 3-1 企业利润计算的核心公式

如果企业想把价格做到最高，那么就要锁定高端市场、高端用户，走价值创新的路子。如果企业想把成本做到最低，那么就要锁定大众市场、大众用户，走总成本领先的路子。这两条路对应着不同的市场和不同的用户群。

行业竞争路径推演到最后，企业只有一个选择：

- 要么选择价值创新，锁定高端；
- 要么选择总成本领先，锁定大众。

举例，行动教育、百果园、倍轻松选择的是价值创新，那么就要为高端用户创造独一无二的价值。拼多多、西南航空选择的是总成本领先，那么就要为大众用户创造极致的性价比。

请注意，这两条路不能同时选择，只能二选一，一条路走到底。因为方向不同，企业的资源配置完全不同。

要么价值创新，锁定高端

先看企业的第一条竞争路径：价值创新。

什么是价值创新？以经营过桥米线店为例。

如果我们选择了价值创新这条路，就意味着

我们选择了高端用户、高端市场，就要在价值创新上找到"独一无二"，比如我们要做"世界第一鲜"的过桥米线。那么，一碗过桥米线的售价就不可能是 10 元，而是 138 元。为什么？

因为我们要围绕"世界第一鲜"做资源配置，要在成本上做加法。比如，我们要选择最好的原材料——优质的泰国大米制作的米粉、云南乌鸡熬制的汤底，并使用香格里拉野生韭菜等特色配料……

同时，我们在店址选择、店面装修、服务质量等方面，也要按照最高的标准进行最好的配置。这些投入导致一碗米线的成本接近 100 元。

在选择价值创新这条路时，企业最容易犯迷糊的是：当企业选择价值创新这条路时，是否可以不管成本呢？

当然要管！

企业选择价值创新，并不意味着可以在成本上铺张浪费。请注意，战略和管理是两个维度。战略是选择，企业选择了价值创新这条竞争路径。管理是注重效率与精益求精，要求企业做到"干毛巾也要拧出水来"。

企业选择了价值创新，把收入由"10"提升至"12"，如果企业在成本上大手大脚，成本由"9"增加至"12"，那么"12-12=0"，企业依然毫无利润。

因此，企业即使在竞争路径上选择了价值创新，也要通过管理来降低企业总成本。

下面，我给大家展示一个企业通过选择价值创新这条路，实现错位竞争并取得成功的典型案例。

根据"前瞻经济学人"所公布的统计数据，

2023 年中国按摩器市场达到约 200 亿元的规模。自 2000 年开始,全球按摩器具产业链转移到中国,中国成为全球按摩器具的研发与制造中心。市场的快速增长吸引了众多参与者,大家都摩拳擦掌冲向了按摩器领域。

这使按摩器行业呈现出"冰火两重天"的局面——一面是消费意识觉醒的用户与年轻用户对健康的渴求日益强烈,一面是市场上按摩器产品同质化现象严重,价格竞争异常激烈,用户对按摩器产品的信任度逐渐降低。

面对产品同质化、行业价格战以及用户质疑等多重挑战,成立于 2000 年的倍轻松,在 2021 年 7 月成功上市,成为"中国健康智能硬件第一股"。

那么,倍轻松到底凭借何种力量在激烈的市场竞争中脱颖而出,赢得投资者的青睐和市场的认可呢?

凭的就是倍轻松选择了价值创新这条路。

倍轻松董事长马赫廷先生说："企业破除同质化、价格战的不二之法就是做价值创新，做'only one'（独创），实现错位竞争。用差异化代替同质化，用价值战代替价格战，用品牌驱动代替流量驱动，才能在竞争激烈的市场中脱颖而出。"

企业选择了价值创新，就要锁定高端，为用户开创高品质价值。这是一条难而正确的路，这条路不好走。

如何解决产品同质化，避免陷入行业价格战？

2019年左右，按摩器行业在线上又掀起了价格战，一些按摩器产品的价格一度滑落到几十元左右。

是否跟进价格战？马赫廷先生面临选择。

马赫廷先生对价格战的体会可谓深刻，倍轻松在发展的早期，由于缺乏核心竞争力，参与过行业的价格战。最后的结果是"赔了夫人又折兵"——

企业亏损，用户流失。好在他及时刹车，没有让企业在价格战的泥潭中越陷越深。

因此，当价格战的风潮再次来袭时，马赫廷先生格外谨慎。

他明白，价格战是一把双刃剑，短期内或许能带来销量的提升，但从长期来看，可能损害企业的品牌形象。同时，价格低就意味着利润低，在薄利或亏损的情况下，企业没有办法大力投入研发，后面的产品就只能用老技术，破坏性难以想象。这种竞争方式往往让企业陷入恶性循环，无法形成健康的生态。

因此，马赫廷先生决定：倍轻松坚决不跟进价格战，不仅不降低价格，反而要通过价值创新，提高产品价格。

首先，倍轻松根据行业的价值点、用户的痛点、标杆的区隔点，找到了自己的"独一无二"：

智能便携。接下来，倍轻松围绕"智能便携"做资源配置，加大成本投入。

比如，在组织上，倍轻松升级了研发管理组织，实施"量产一代、开发一代、储备一代、研究一代"的机制，创新研究中心组织，并与广大科研院校及上下游优势企业开展技术合作与交流。

在硬件技术上，倍轻松引进了国际先进的健康智能硬件技术，并与人体工学、中医理论等本土智慧相结合。

在软件技术上，倍轻松引入了人工智能技术，实现了产品的智能化和个性化，让用户的体验更加舒适和便捷。

在渠道上，倍轻松积极布局线下，在机场、高铁站、免税店等场所大规模铺店，同时依靠产品工艺设计的提升，塑造了倍轻松的高端形象……

通过在成本上做加法,围绕"世界级智能便携式按摩器"的标准配置资源,倍轻松不断开创出独一无二的用户价值。

2019 年,倍轻松推出的智能便携按摩器,在国内市场中占据了重要地位。这些产品不仅在设计上独具匠心,而且在功能上实现了高度智能化和个性化,满足了用户对舒适、便捷的需求,赢得了用户的青睐和认可。

根据"国盛证券研究所"数据显示,2018 至 2021 年,倍轻松在国内按摩器具行业的市场占有率约为 5% 至 7%,在便携式按摩器这一细分领域的市场占有率约为 13% 至 15%,成为智能便携按摩器行业的"雄鹰"。

当其他企业深陷价格战的泥潭时,倍轻松通过价值创新调高了产品价格,走上了高质量的发展道路,在价格竞争中不战而胜。要摆脱行业同质化带来的价格战，最终还是要回归用户价值，认识到用户最本质的需求不是低价，而是价值。

熬过了最困难的时期，马赫廷先生更加意识到品牌的力量，倍轻松定位高端的品牌形象也一步步清晰起来。

为什么用户会对按摩器产品产生质疑？

核心原因有两点。一是行业的价格战是以牺牲产品品质为代价的。降价就会降本，降本就会降质。二是有的企业为了竞争而堆砌产品颜值、功能和玩法，追求过度智能化，导致产品功能臃肿、性能差，损伤用户肌肉的概率高。

如何解决？唯有精准洞察用户痛点，为用户而错位，为用户而创新。

倍轻松经过大量的市场调研，以及对行业的深度了解，深刻洞察用户的需求及痛点，以"做对人类健康有影响力的事"为使命，不断以科技硬实力赋能，加码科技研发，将技术精确地定位到了中医推拿技术，开创了利用"中医×科技"打造对人体更为友好的按摩效果，为用户创造了"更便利、更舒适"的按摩体验。

为了死磕高性能，不伤用户肌肉，倍轻松砍掉多余功能，死磕数年，迭代升级十余次，优化数十个细节，只为用户开创性能稳定、精准、不伤肌肉的产品。

通过价值创新，倍轻松成功实现错位竞争，构筑起日益宽广的品牌"护城河"，在用户心中形成了"倍轻松等于智能便携式按摩器"的认知。

什么是"价值创新"？

马赫廷先生说："价值创新就是你必须做别人没做的、做不了的、用户需要的东西。"

　　企业破除同质化、价格战的不二之法就是做价值创新，做"only one"（独创），实现错位竞争。用差异化代替同质化，用价值战代替价格战，用品牌驱动代替流量驱动，才能在竞争激烈的市场中脱颖而出。

——倍轻松董事长马赫廷

通过倍轻松的故事，我想告诉你的是：选择价值创新，企业就要通过增加成本锁定高端，开创独一无二的用户价值。

想要真的做到这一点并不容易，不仅要求企业保持战略耐心和战略定力，更要求企业拥有跨越周期的韧性以及忍受质疑的心性。

正如苹果手机在诞生之初会遭遇各种各样的质疑，特斯拉即便拥有行业领先地位也会受到众多来自同行或者用户的挑战一样，这是伟大的创新者必然要经历的考验。同样，倍轻松在价值创新的过程中，也遭受了种种质疑。

我们期待的是，企业能够不断跨越这些质疑，为用户创造独一无二的价值，成为行业的引领者。正如马赫廷先生说："愚者害怕质疑，智者倾听质疑，强者欢迎质疑。"

要么总成本领先，锁定大众

再看企业的第二条竞争路径：总成本领先。

仍以经营过桥米线店为例。如果我们选择了总成本领先这条路，就要把过桥米线做得便宜又好吃，追求极致的性价比，极致的效率，极致的成本优势。

假设中国大多数过桥米线店一碗米线的成本是 9 元，我们通过精细化管理、规模采购、源头采购等手段，在确保米线量足味美的前提下，成功地将一碗米线的总成本降低至 4 元，然后定价 5 元。

根据企业利润计算公式，"5-4=1"，每碗米线我们可以赚取 1 元的利润。这就是总成本领先。

请注意，总成本领先不是价格竞争，依然是价值竞争。比如，小米手机在部分性能与竞争对手相当甚至更好的情况下，价格可以做到更低，从而为用户提供了更高的性价比。再比如，西南航空是美国的一家低成本航空企业,它通过采用单一机型、点对点直飞、简化服务等策略,降低了运营成本,从而为用户提供低价机票和便捷的航空旅行体验。

总成本领先不是以降低产品品质为代价,也不是通过偷工减料或采用劣质替代品等不当手段达成。相反,它指的是企业在确保与竞争对手相同的产品品质的前提下,综合成本能够更低。

下面,我给大家分享一个我们的学员的企业案例,该企业通过总成本领先战略,实现连续 6 年盈利,从河南小厂到行业龙头,让中国铝产品远销五大洲百余国。

这家企业是明泰铝业,成立于 1997 年,是中国首家民营铝加工企业。该企业 2011 年在上海证券交易所上市,是铝加工行业中名副其实的"雄鹰"。

时间回到 1996 年，当时的河南地区，尤其是巩义、上街铝矿资源丰富，电解铝企业众多，但多为初级产业。尽管资源丰富，铝精深加工前景广阔，但当时仅有国企具备铝精深加工能力，几千万元的轧机设备将很多民营企业挡在门外。

洞察到这一商机的马廷义先生决定勇闯铝加工行业。在随后的几个月里，他遍访全国铝加工企业，向专家请教，深入了解生产流程和设备。

1997 年，他与合伙人购买了一台国企淘汰下来的轧机框架，凭借对行业的深入了解，成功将其改造为具备生产能力的轧机，创立了明泰铝箔（明泰铝业前身）。

企业在采购原材料时，通常需要采取现款现货或预付款的交易方式。当企业向下游用户销售产品时，用户往往会要求其提供一定的账期并承兑。明泰铝业的产品主要定位于铝板带箔的中端市场，虽然市场容量庞大,但竞争十分激烈。

明泰铝业如何在"高成本、重资产、高竞争"的复杂环境中脱颖而出,由一家河南地方小厂成为世界级"雄鹰",推动中国铝业实现全球化战略,开创覆盖五大洲、出口至百余国的壮举?其选择的竞争路径是什么呢?

明泰铝业选择了总成本领先这条路,主要依靠总成本领先战略和极致化的成本控制能力,实现了总成本竞争优势。那么,明泰铝业是如何设计企业成本的呢?

明泰铝业在成本设计上主要有三大举措。

降本措施一:国产设备 + 自主改进,有效降低设备折旧压力

铝加工行业具有显著的重资产特性,面临巨大的设备折旧压力。针对这一点,明泰铝业自 21 世纪初建立第一条生产线以来，始终致力于优化固定资产投资，以减轻财务负担，提高运营效率。

明泰铝业首条铝板带热轧生产线源自淘汰的轧钢设备。2002 年，为扩大生产，明泰铝业引进部分"1+3"轧钢生产线，经技术改造，以低成本建成中国首条拥有自主知识产权的"1+4"热连轧生产线。

明泰铝业自投产以来持续投资改进生产线，产能由最初的 15 万吨 / 年提升至目前的 65 万吨 / 年，成为全球产能利用率最高的"1+4"热连轧生产线。在此后的扩张中，明泰铝业多次用国产设备替代进口设备，利用积累的技术经验，对设备进行改造升级，有效减少了企业的固定资产投资。

明泰铝业设备折旧优势显著，近 5 年单位固定资产折旧稳定在 350 元 / 吨。其他生产定制化产品的上市公司，如华峰铝业、银邦股份、亚太科技等，其单位固定资产折旧高达 700 元 / 吨以上。明泰铝业在折旧方面至少节省了 350 元 / 吨的成本。

降本措施二：大量使用再生铝，实现低成本扩张

铝加工行业原料成本高，原料费用是生产中的主要成本。为了有效应对这一问题，明泰铝业经深思熟虑后，决定采用再生铝作为降低生产成本的重要途径。这一决策主要基于以下三个方面的考量。

● 精废价差：废铝回收价格低于电解铝价格，使用再生铝生产铝合金锭，精废价差可为企业带来丰厚利润。

● 节省金属添加费用：废铝中含有的少量金属元素可替代部分金属添加剂，降低支出。

● 政府补贴：政府按产量补助再生铝企业，每利用 1 吨再生铝可获 500 元至 600 元补贴。

再生铝使明泰铝业单吨原料成本有效降低至 1000 元 / 吨，为企业实现低成本扩张打下了基础。

2021 年明泰铝业铝板带箔单吨原料成本同比下降 10.61%，主要归功于再生铝的有效降本。2022 年再生铝占原料比例略高于 50%。随着明泰铝业新增 70 万吨再生铝项目投产，单吨成本有望进一步下降，从而增强企业竞争优势。

同时，明泰铝业从 2017 年起就开始布局再生铝相关业务，研发相关技术。目前，明泰铝业已经掌握了再生铝保级利用技术，拥有国内唯一一座废铝回收脱漆装置，形成了"铝回收—再生铝—铝加工"的铝资源循环再生保级利用的生产模式。

明泰铝业大量使用再生铝，不仅有效降低了生产成本，拥有了技术上的核心竞争力，同时具有耗能低、污染小等优势，兼具社会效益和经济价值。

降本措施三：制造环节降本提效

明泰铝业的生产成本包括制造费、直接材料费和人工费。其中,直接材料费占成本大头,常年在80% 以上,人工费占比稳定。制造费包括折旧、电力、燃气和物料消耗,以物料消耗为主。企业主要从以下三个方面管控成本。

第一,能源优化举措。2014 年,明泰铝业通过收购河南巩电热力并推进燃气改造工程,显著降低了生产中的电力和燃气成本。五年后,明泰铝业进一步建成余热回收系统,显著提升能源利用率。同时,明泰铝业子公司明泰科技等积极在厂房屋顶安装光伏板,实现自发自用,大幅提升绿电占比,为减排做出贡献。

第二,人力成本优化举措。2018 年,明泰铝业建立统一的网络数据中心、采购和协同办公平台,以及人力、资金和供应链系统,实现管理信息化、数字化、智能化。2020 年,企业全面推广"一卡通",实现人流电子化管理。

第三，制造环节优化举措。明泰铝业提出"3+6 工业大脑"方案，以 3 座智能工厂为核心，辅以 6 项数据系统（人力资源、生产制造、产品销售、采购供应、物资消耗、经营成本）。同时，明泰铝业持续加大对主要产品生产线的自动化、信息化改造，配套智能化仓储系统和产供销财一体化软件系统的智能物流圈。

得益于在重资产、原材料和制造环节极致化的成本控制能力，明泰铝业产品的单吨期间费用明显低于其他企业，成功实现了总成本领先。

那么，选择了总成本领先的竞争路径，是否意味着企业在所有的地方都"一毛不拔"？

当然不是。

明泰铝业在研发领域大量投入。从 2019 年起，明泰铝业研发投入进入高速增长阶段，2021 年研发费用达 9.5 亿元，同比增长 84%，2018 年至 2021 年企业研发费用整体年均复合增速高达 63.6%。

2017 年起，明泰铝业加大新能源领域的布局，研发拓展至轻量化车体及锂电池用铝箔等高附加值产品。2020 年，明泰铝业进一步进军航空航天、船舶及 5G 高端领域，并在 2021 年继续加大相关领域的高端产品布局。

作为中国第一家做铝制品加工的民营企业，通过总成本领先战略，明泰铝业一边坚持成本控制，一边加大研发投入，不断创造着"第一"的"神话"：自主研发建设了国内第一条"1+4"热连轧生产线、国内第一条铝灰渣无害化高值利用生产线……成为具备成本领先 + 研发优势的"雄鹰"，在不断突破自我的过程中实现螺旋式上升。

最后，用一段哲人的话来结束这家企业的故事——

商业世界中，在我们以为格局已定、战争终了的时候，总有小草能从缝隙里钻出来，试图重新构建森林。

作为企业经营者，你从明泰铝业的案例中可以学到什么？

我给大家分享两点。

第一，总成本领先战略不等于成本管理，企业切莫将两者混为一谈。总成本领先战略是从战略高度出发，其关键在于一致性，企业在人、财、物、产、供、销、服等价值链条上的所有环节都要进行总成本领先设计，从而形成企业竞争优势。

成本管理是"术"，而总成本领先战略是体系化的设计。

第二,选择总成本领先,也是在为用户开创独一无二的价值。企业选择了总成本领先,并不意味着可以忽视产品质量和服务。相反,为了保持总成本领先的竞争优势,企业需要对产品和服务进行持续的优化和改进,以确保在满足用户需求的同时,实现更低的成本。只有这样,企业才能在激烈的市场竞争中保持总成本领先地位。

要么上,要么下

企业的两条竞争路径就像一幅 K 线图,如图 3-2 所示。

两条竞争路径,企业只能二选一,要么往上,要么往下。

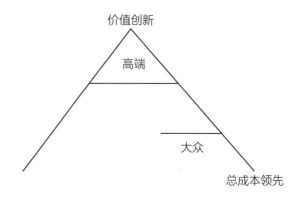

图 3-2　企业竞争路径 K 线图

企业在选择竞争路径时，最大的失误在哪里？

企业在选择竞争路径时常犯的致命错误是：**两条路都选，上下徘徊，高低通吃。**

继续以经营过桥米线店为例。如果我们两条路都选，既要价值创新，满足高端用户，又要总成本领先，满足大众用户。或者，一会儿做价值创新，一会儿做总成本领先，什么都想要，什么都不想放弃，最后的结果就是"乱"。店里什么价位的米线都有，有高档精致的 138 元一碗的过桥米线，也有便宜好吃的 18 元一碗的过桥米线……

为什么企业不能同时选择两条路呢？原因有二。

第一个原因：两条竞争路径的资源配置是截然相反的。

当企业选择价值创新时，就要往上走，锁定高端，在成本上做加法，通过增加成本进行价值创新；当企业选择总成本领先时，就要往下走，锁定大众，在成本上做减法，追求极致的性价比，极致的效率，极致的成本优势。

第二个原因：从用户的角度来看，品牌呈现出一种混乱的状态。

企业两条路都选，一会儿做价值创新，一会

儿做总成本领先，会导致用户对企业或品牌的认知模糊不清，不知道你"等于什么"，不知道你"是谁"。这种混乱是环环相扣的，不仅会影响企业的资源配置和管理流程，还可能进一步加剧品牌形象的模糊性，形成恶性循环。

犹如古希腊哲学家赫拉克利特所说，"人一次也不能踏进同一条河流"，企业也不能同时选择两条竞争路径。

有果必有因。我们不禁要问：企业为什么会选择两条路？

这源于人性的贪婪。经营企业最大的坑是"既要……又要……还要……"。经营企业，做加法是本能；做减法，取一舍九，才是顶尖的经营智慧。

企业把一件事做到位、做到极致差异化就够

了。比如，倍轻松只做价值创新，明泰铝业只做总成本领先。

这样的唯"一"选择，看似简单，实则需要极大的勇气和智慧。因为在这个信息爆炸、竞争激烈的时代，企业很容易迷失在纷繁复杂的选项之中，追求面面俱到，最终却可能因分散精力而一事无成。因为企业的资源是有限的。

最后总结一下，企业竞争路径的重点：

● 企业竞争的两条路，只能二选一。要么选择价值创新，锁定高端；要么选择总成本领先，锁定大众。

● 选择价值创新，并不意味着企业可以乱花钱，要做成本管理；选择总成本领先，并不意味着企业不创新，而是要通过创新设计企业成本。

3.2

用户：把自己当用户，找到痛点

再讲第二个"圆"：用户。

研究用户的目的是找到用户的痛点。每一个痛点都是一个机会，痛点越"痛"，机会越大。

在研究用户时，企业最容易犯的错误是自以为是。人性的弱点让我们总是习惯从自身的角度去看问题，挂在嘴边的是"我认为用户会这样""我以为用户的需求就是这个""我想……"

请注意，这些都是"闭门造车"。在绝大多数情况下，我们的这些"自以为是"是错误的，与用户的真痛点南辕北辙。

痛点找得好，"独一无二"错不了。企业正确的做法是站在用户的角度去深入了解他们的实际需求，找到他们的痛点。

用户是谁：终极用户

企业研究用户要解决的第一个问题是：谁才是企业真正的用户。

企业真正的用户是终极消费者，是那些使用企业产品或服务的人，是那些愿意为企业的产品或服务花钱的人。

以酒店行业为例，酒店的真正用户是那些实际入住酒店并享受其服务的客人。他们可能是商务出差的职场人士，可能是享受度假时光的家庭游客，还可能是临时驻留的旅者。这些人对酒店的评价、反馈和忠诚度直接关系到酒店的运营状况和市场地位。

这里可能会有人提出质疑："我的企业已经经营多年了，难道我连自己的用户是谁都不知道吗？"

对此，你不用感到意外。在我们的课堂上，每当我提出"谁是企业真正的用户"这一问题时，确实有一些企业经营者和管理者无法给出准确的答案。

值得注意的是，我们的课程至今已经举办了520期（截至2024年4月），但令人惊讶的是，每期几乎都有企业在这一关键问题上出现认知偏差。这不禁让我深思，对"用户"的理解，仍有许多企业需要加强和深化。

在"谁才是企业真正的用户"这一问题上，企业犯得最多的错误是：把经销商、零售商视为终极用户。

在第 500 期的课堂上，一位专注于羊绒服装生产的经营者向我们阐述了其企业的营销策略。他提到，为了有效地推广新品并维护与经销商、零售商的合作关系，他们会定期举办经销商、零售商大会。

且慢，且慢。这家羊绒服装企业显然将经销商、零售商视为终极用户了。

当我在课堂上向他提出疑问："为什么要将经销商、零售商视为终极用户？"

他给出的回答是：经销商、零售商作为企业最大的付费方，他们为企业创造了巨大的经济效益与价值贡献，难道他们不是我们的用户吗？

不是。经销商、零售商不是企业的终极用户，是企业的内部用户。企业真正的用户是使用产品的人，是重复购买的人，是花钱的人。因为它关系到企业未来的复购率和转介绍。

企业的成功来自哪里？来自老用户的转介绍。

因此，经销商、零售商不是企业真正的终极用户。如果这家羊绒服装企业错误地将经销商、零售商视为终极用户，那么最后找到的"独一无二"就是错的，最终陷入徒劳无功的境地，如同"竹篮打水一场空"，毫无收获。

找对用户是错位竞争的关键。接下来，我们可以用一个真实的案例来练习一下。

一次，在课堂上，我询问一家专注于 X 光设备制造的企业他们真正的用户是谁。他们的回答是"医院院长"。请问：医院院长是 X 光设备制造企业的终极用户吗？

正确答案是：不是。

医院院长是 X 光设备制造企业的产品购买者。
医生和患者才是 X 光设备制造企业的产品使用者。
为了确保设备能够满足临床需求并提升患者体验，
这家企业应当深入研究医生和患者在使用 X 光设
备过程中的感受与效果，从而精准识别并解决潜在
的用户痛点。

在场景中找痛点

企业研究用户要解决的第二个问题是：如何
找到用户的真痛点？

答案是：在场景中找痛点。

什么是"场景"？场景是用户在什么时间、什

么地点、什么情况下会选择企业的产品或服务，用户使用企业的产品或服务是想解决什么问题，以及他们在使用过程中有什么体验等。

以经营过桥米线店为例，用户的场景是从用户踏进店门的那一刻起，他们所接触到的每一个细节。比如，用户进入店内后看到了什么、听到了什么、闻到了什么……用户在吃米线时的感受、反应等，这些场景都是我们应该去关注、去研究的。

再以酒店为例，酒店的场景是从用户抵达酒店的那一刻开始，直到他们离开酒店，每一个细微的环节都构成了用户的场景体验。

比如，当用户抵达酒店时，首先映入眼帘的是酒店的外观和停车场的便利性。他们步入大堂，会感受到大堂的装修风格、灯光氛围和接待人员的服务。当用户进入客房后，会关注房间的大小、布局、卫生情况以及设施设备的完备性。床铺的舒适

度、卫生间的洁净度以及空调的冷暖效果等,都是
影响用户场景体验的关键因素……

为什么要研究场景?

研究场景是将用户置于具体的使用场景中来
洞察其痛点,它可以帮助我们实事求是地找到用户
的真痛点,避免自以为是。

如今,很多企业经营者"错"在哪里?"错"
在离用户太远。谁离用户最近,谁就离竞争最远。

有的企业经营者长时间脱离一线,难以察觉
用户使用产品的实际场景已经改变。这就好比用户
在吃米线时根本没有喝过汤,而我们还在研究如何
把汤做得更鲜。

有的企业经营者过度关注产品的功能和技术
创新,却忽略了用户在具体场景中的真实需求和体

验。他们往往陷入了一种"自我感动"的状态，认为只要产品功能强大、技术先进，用户就一定会喜欢。

这些"忽视用户场景"的思维方式往往使企业偏离了寻找用户真痛点的轨道，最终找到的都是伪痛点。

什么是"伪痛点"？

有一次，我和太太逛商场时，注意到一条围巾颇具美感，遂产生购买之意。这时，太太向我提出一个问题："你打算在哪里佩戴这条围巾呢？"我仔细思考后意识到，我既没有佩戴围巾的习惯，也没有佩戴围巾的场合。

太太的提问实际上是在引导我思考围巾的实际使用场景。尽管我已将围巾拿在手中，但最终放弃了购买。这就是伪痛点的体现。单纯的欣赏与喜欢仅仅代表个人的感受，并不等于用户真痛点、真需求。

企业所有的动作都意味着成本。如果企业"独一无二"的努力和投入不在用户需要的正确方向上，那么花的力气越大，错得越多。此时，企业的投入和努力只能沦为一种"秀情怀"的噱头，或者是一种无用的"炫技"，抑或一种盲目的"自我感动"。

请记住，凡是脱离场景的用户痛点，都是企业的一厢情愿，都是企业的自以为是，都是伪痛点。要找到用户的真痛点，企业要回到场景中去，在场景中洞察用户未被满足的需求。

把自己当用户，"自摸"

企业研究用户要解决的第三个问题是：如何研究用户？

答案是：把自己当用户，"自摸"。

作为产品或服务的生产者、制造者，企业经营者首先要把自己当作自身产品或服务的深度用户，体验整个使用过程。

英国有一句广为流传的谚语："要想知道别人的鞋子合不合脚，穿上别人的鞋子走1公里。"这句话简明扼要地为企业提供了一个基于场景找到用户痛点的方法：要深刻理解并体会用户的需求与感受，最好的方法就是带着同理心，设身处地站在用户的立场上，身临其境地体验他们的整个使用过程。

乔布斯把自己封为"首席体验官"，苹果在设计研发软硬件新产品的时候，乔布斯一定是新产品的第一个深度用户。他会全程使用、体验产品的每一个细节。从开机到关机，从浏览网页到播放音乐，从拍照到编辑文档，包括每一个按钮的触感、每一个界面的布局和每一个功能的操作流程。

正是通过这种"自摸",乔布斯得以精准地把握用户痛点,从而不断完善产品的设计,让苹果的产品超越用户的期待,甚至超越他们的想象。

企业闭门造车是行不通的,要走出去,穿上用户的鞋,走用户走过的每一段路,才能感同身受,才可能创造出独一无二的用户价值。

经常有企业经营者抱怨:"我们的产品明明很好,为什么没人愿意购买呢?明明市场需求很旺盛,为什么就是没有订单呢?"

当你自以为是地认为自己的产品很好,但没有订单的时候,大概率是你没有躬身入局,不了解用户,没有把自己当用户"自摸",没有理解什么是"用户认为的好",你看到的和想到的,和用户看到的和想到的不一样。

下面，我给大家分享一家企业如何以用户痛点为导向，成功地将"广东清远的一只鸡"做成"全世界最好的一只鸡"。

有一句话叫"无鸡不成宴"，鸡在中国人的日常饮食中占有不可或缺的重要位置。在中国南部，有"一只鸡"凭借其卓越的品质赢得了广大用户的一致认可与赞誉。"这只鸡"不仅出现在山姆会员店、沃尔玛、OLE、吉之岛、天虹、盒马、BHG等国内主流高端商超的货架，更曾跻身国家级重要场合，其声誉显赫，可见一斑。

"这只鸡"从"广东清远的一只鸡"起步，成为"品种最纯的一只鸡""最安全的一只鸡""最好吃的一只鸡""动物福利最好的一只鸡""获得荣誉最多的一只鸡""最受用户欢迎的一只鸡"，直至"全世界最好的一只鸡"。

"这只鸡"就是来自广东天农食品集团（以下简称"天农"）的清远鸡。

那么，天农是如何将一只普通的鸡，做成"全世界最好的一只鸡"的呢？

天农董事长尹平安先生给出的答案是：错位竞争，为用户养全世界最好的一只鸡。

找到"独一无二"，做全世界最好的一只鸡

天农刚成立时，也走过一些弯路。在 2006 年以前，天农的主要业务是鸭的养殖。在当时的市场环境下，大多数家禽养殖企业追求的是量产，想方设法用最低的饲料成本、最快的速度把鸡和鸭养出来。当市场供应不足时，得益于时代红利，企业能够获得利润。一旦市场供大于求，企业便不可避免地陷入激烈的价格战中。在这场价格战中，最终胜出的往往是那些拥有最低成本、最大规模及最高效率的企业，而那些在这些方面缺乏优势的企业则逐渐在市场竞争中被淘汰。

在养鸭的过程当中，天农逐渐意识到，中国市场的鸭肉产品普遍缺乏独特性，难以为用户提供独一无二的价值。而且，面对市场激烈的价格竞争与发展趋势，单纯追求鸭肉产品的规模化与品质提升，显得尤为困难。

当时中国家禽领域专注于养鸡的企业主要有两类：在白羽肉鸡领域，福建圣农位居行业之首；在黄羽肉鸡领域，温氏则独占鳌头。白羽肉鸡属于从国外引入的品种，这类鸡的生长周期极短，从鸡苗孵化至成熟仅需约40多天时间，能达到约6斤的体重。此种快大型速生鸡的优势是长得快、肉多，企业的养殖成本较低；缺点是鸡的口感、品质不尽如人意。

黄羽肉鸡属于具有中国本土血缘的肉鸡品种，黄羽鸡按生长速度分为快速、中速和慢速三种类别，不同的地区，不同品种的鸡，不同的饲养模式，口感也各有特色。

清远鸡属于黄羽肉鸡的一种，被广东人称为"广州第一鸡"。区别于白羽肉鸡和其他品种的黄羽肉鸡，清远鸡最大的特点是生长速度慢，鸡味浓郁，汤汁鲜美，皮薄少油。同时清远鸡传承千年历史文化，1999 年清远鸡被列入国家级遗传资源保护开发项目并建立清远鸡原种保种基地，2010 年被当时的国家质量监督检验检疫总局（现为国家市场监督管理总局）评为"国家地理标志保护产品"。

清远鸡的生长周期相对较长，通常需要六到八个月的时间才能成熟，但体重远不及快大型的白羽肉鸡以及其他中速型黄羽肉鸡，企业的养殖成本较高。正是这种独特的生长过程，赋予了清远鸡肉质更加鲜美、口感更加醇厚的特质，因而深受用户喜爱与追捧。

　　圣农、温氏等企业在行业的竞争路径上大多是选择总成本领先，致力于满足用户的基本需求，为用户提供极致的性价比。

　　在市场竞争中，当企业面对"雄鹰"时，与其"硬碰硬"，拼得头破血流，不如错位竞争，做极致差异化，以弱胜强，以小胜大。天农作为"雏鹰"，面对拥有巨大资源优势的"雄鹰"，"硬碰硬"肯定打不赢。为了走出价格战的泥潭，寻求更为稳健且可持续的增长路径，天农在2006年采取了错位竞争——取一舍九，舍掉肉鸭养殖业务，聚焦"清远鸡"这一赛道。

　　同时，天农选择了价值创新这条路，锁定的是追求高品质的用户。这部分用户注重食材的健康与安全，愿意为高品质买单。

　　锁定了高端用户，天农开始基于场景研究用户痛点。

用户的饮食需求由原先的"吃饱"转变为追求"吃好"。然而，广大用户反映，如今在市场上购买的鸡往往缺乏应有的"鸡味"，这使得他们在品尝鸡时无法感受到应有的美味与满足。许多用户回忆起儿时炖制一只鸡的情景，那浓郁的鸡汤鲜香味令人回味无穷，成为他们心中难以忘怀的美好记忆。

用户最讨厌什么？用户最讨厌买到的鸡没鸡味、没肉味。

用户最害怕什么？用户最害怕吃到有激素、有抗生素的鸡。

一方面用户难以购买到一只有"鸡味"的正宗土鸡，另一方面用户害怕购买到不安全、不健康的鸡。

同时，用户的购买场景也发生了改变。年轻用户不再像老一辈人习惯去菜市场挑鸡，而是习惯在网上购买或者到商超、社区生鲜门店购买食材。

基于洞察到的这些用户痛点和标杆对手的特点，天农找到了自己的"独一无二"——培育出种源纯正的原种清远鸡，给用户提供"原种、原味、原产地"的清远鸡，做全世界最好的一只鸡。

遵循"天道"，成为全世界最好的一只鸡

找到了"独一无二"，如何做到极致差异化，形成企业的核心竞争力呢？

天农的绝招是：构建遵循"天道"的全产业链经营模式。

老子在《道德经》中强调："人法地，地法天，天法道，道法自然。"这句话揭示了人类应当顺应自然规律，与自然和谐相处，而不是逆天而行，违背自然法则。

在粗放化养殖时代，家禽养殖业在相当程度上存在着违背自然规律、漠视家禽家畜健康的行为。比如不尊重动物福利，采用不见天日的工业化快速养殖模式；因放任杂交而产生严重遗传疾病，造成质量、性状的不稳定；滥用激素、抗生素进行催长，以求改良外观，导致鸡体存在药物残留，等等。

天农认为，农业是与生命、自然打交道的产业，任何生命都值得尊重，农产品要遵循自然规律、遵循"天道"。

什么是"天道"？

从清远鸡的养殖层面来说，所谓"天道"，就是自然成熟，瓜熟蒂落，不用催熟，遵循自然法则，让一只鸡自然达到性成熟和体成熟的状态。

"性成熟"是说一只鸡成熟的标志是开始下蛋，

待一群鸡达到 5% 开产率，初生蛋产出后再行屠宰。此举旨在确保鸡体内芳香物质得以充分蓄积，进而在烹饪过程中逐步释放，呈现出绝佳的口感与风味。

"体成熟"是说一只鸡要有足够的时间和空间自然成长、发育。事实上，鸡在体成熟之后，其体重便不再增长。对于企业而言，一只鸡每多养一天将意味着增加约 0.7 元的成本。

天农始终坚守品质至上的原则，致力于为用户提供原生态、健康、自然、安全的产品，将大自然的馈赠传递给每一位用户。因此，天农的清远鸡养殖周期超过 130 天，其中"凤中皇"（天农清远鸡的品牌之一）甚至会养殖到 200 至 300 天。

为了遵循"天道"，天农构建了从原种保种、种苗孵化、饲料加工、生态养殖、生鲜加工、冷链配送到品牌营销的清远鸡一体化全产业链体系。天农为的是让用户品尝到"原种、原味、原产地"的清远鸡。

在"原种"层面，良种繁育体系养出"品种最纯的一只鸡"。

为保证清远鸡的纯正血统，天农组建了国内优秀育种专家团队，对清远鸡实施种源保护，包括提纯复壮、良种繁育等一系列方案，建立了由原种、曾祖代、祖代、父母代、商品代构成的良种繁育体系，并对种源实施彻底的疾病净化工作，确保清远鸡从母体开始就是健康的。

在"原产地"层面，用好山好水好空气养出"最安全的一只鸡""最好吃的一只鸡""动物福利最好的一只鸡"。

天农在清远鸡的养殖上，采用了"公司＋基地＋家庭农场＋标准化"的生态养殖模式。为了让鸡生长在好山好水好空气下，天农对养鸡场的要求是"六优农场"，即生态优、水质土壤优、运动场优、建设优、防疫优、管理优。比如，"运动场优"是指养鸡场要有足够空间的运动场让鸡奔跑运动，因为清远鸡野性十足、能飞善跑，如果鸡达不到一定的运动量，最后鸡肉的口感会受影响。

天农还坚持对养殖户进行专业技术培训，并有专业团队对养殖基地实行标准化生产管理。在每批产品即将上市时，天农会实行统一检疫、统一回收、统一屠宰、统一上市。

在"原味"层面，自然成熟慢养出"最好吃的一只鸡"。

要想肉质美，鸡先得"自己"吃得好。天农凭借其卓越的动物营养核心技术，针对清远鸡的不同生长阶段，精心研发了以谷物为基础的营养均衡饲料。为确保饲料的品质与安全，天农自建了饲料生产厂，实行全链条自研、自采、自制、自用的生产模式，天农采购一等五谷原料，所有来自原产地的玉米、豆粕等原料，均须经过多重严格检测，合格后方可进入生产环节。在饲料生产过程中，天农坚决杜绝添加任何违禁物，以确保每只鸡能够健康茁壮成长。

天农养殖的清远鸡，是"饲养时间最长的一只鸡"。天农让每一只清远鸡都能在自然状态下成熟，达到下蛋阶段后才上市销售。

要保证清远鸡的原味，屠宰加工和冷链配送环节同样至关重要。天农率先推行"鲜宰鲜配"模式——集中屠宰、冷链配送、生鲜上市。

在屠宰时采用液氮超低温锁鲜技术或气调保鲜技术，不会破坏鸡的原汁原味。在运输上，天农构建起自有的冷链运输网络，使"凤中皇"无论运往全国何地，都能保证全程冷链配送，天农所做的这些努力最终让每一只"凤中皇"清远鸡进门到家时，确保安全、新鲜。

以如此匠心饲养出来的"一只鸡"，质感、口感怎么样？市场认不认？这得用户说了算。

天农十分注重与用户的沟通，每一款新产品推出前，都要进行长时间的市场调研、反复进行口味研究。从香度、甜度、肉质嚼劲、鸡皮爽脆度、汤汁的鲜度、烹饪方式推荐、冷链实验、配送实验、超过国标的安全检测以及营养指标检测等方方面面进行研究之后，再制定相应营养配套方案和养殖方案。

为此，品尝试吃，把自己当用户"自摸"，已经是天农所有人的常规工作。从吃开始，从风味满足开始，完全以用户的体验为导向进行生产。

披荆斩棘，栉风沐雨。旷野山间，星月相伴。

在遵循自然规律和"天道"的全产业链经营模式下，天农清远鸡成为"获得荣誉最多的一只鸡"。天农的清远鸡原种场被农业农村部评为"国家级清远麻鸡保种场""国家肉鸡育种场""国家良种扩繁基地"……在中国高端家禽领域，天农连续 5 年产销排名第一。

找到了"独一无二"，做到了极致差异化，自然而然地，天农构筑起了自身的核心竞争力。"凤中皇"清远鸡成了"全世界最好的一只鸡"。

试问，这样的一只鸡怎么能不受用户的青睐呢？

我在写作本书时，都想立刻品尝一口。

　　农产品要遵循自然规律、遵循"天道"。所谓"天道"，就是自然成熟，瓜熟蒂落，不用催熟，遵循自然法则。

　　　　　　——天农董事长尹平安

3.3

标杆：错位飞行，找到区隔点

最后讲第三个"圆"：研究标杆。

研究标杆的目的是找到企业自身与标杆之间的区隔点，把自己和竞争对手区隔开来，与标杆对手错位飞行，让自己远离竞争。

《孙子兵法》里说："故明君贤将所以动而胜人，成功出于众者，先知也。"这句话的意思是说，一个英明的君主，一个贤能的将帅，之所以能动辄战胜敌人，取得一般人无法获得的成就，关键在于他们事先对对手的情况进行了深入的了解和分析。

标杆是谁：世界第一

谁才是企业真正的标杆对手？

企业真正的标杆对手是：行业内世界第一的企业。

请注意，我这里用的是"标杆对手"，而不是"普通对手"。我们要将身边的那些"花拳绣腿""无名小卒"，比如"上海第一""浙江第一"全部排除在外，定标"世界第一"。（这里的"无名小卒"和"花拳绣腿"并无贬低之意，只是相对而言。）

请问，企业的标杆对手为什么不能是"中国第一""上海第一"，而要是"世界第一"呢？

以我们课堂上的一个案例为例，有一家专注于女装的企业，我问其经营者："谁是你的标杆对手？"

她回答："是 ×× 品牌（一个我从没有听说过的品牌）。"

我进一步追问："这个品牌的市场规模有多大？"

她回答道："中国北部第一。"

在听到这一回答后，我告知这家女装企业经营者："你的企业最多能做到中国北部地区第三、第十，甚至这样的排名可能也做不久。"

我的这一预测似乎出乎她的意料，她随即询问我："为什么？"

"因为你对标了'无名小卒''花拳绣腿'。"

我解释道。

那么，为什么企业不能对标"无名小卒""花拳绣腿"？

首先，我们要认识到，这些"无名小卒""花拳绣腿"往往没有经过时间的验证，大多是凭借一时机遇取得了短暂的成功。

其次，《论语》里说"取乎其上，得乎其中；取乎其中，得乎其下；取乎其下，则无所得矣"。如果我们选择的标杆对手是世界第一的企业，最终可能达到其七八成的水平。但这家女装企业选择的标杆对手只是一个未经时间验证的"中国北部第一"，最好的结果也只能是"中国北部第二"了。

企业在定标对手时，要选择与高手过招。不怕对手大，就怕对手小。要成为真正的"雄鹰"，企业就要择高而立，找到行业的"鹰王"：世界第一的标杆是谁？亚洲第一的标杆是谁？中国第一的标杆是谁？

这时，有的企业经营者可能会在心里嘀咕：我只想成为"大雁""麻雀""苍蝇"，谋取微薄利润，没有那么宏大的志向。更何况，我们也打不过"鹰王"。

这种心态恰恰暴露出企业经营者的坐井观天和孤陋寡闻。当你局限于狭窄的井底时，满足于在低处盘旋，那么你就要接受企业很可能在激烈的竞争中被淘汰的命运。因此，企业经营者要时刻提醒自己，切勿成为井底之蛙，要与"雄鹰"并肩翱翔。

与顶尖高手过招，才能成为顶尖高手。任正非先生热衷于与全球的商业领袖交流思想。他说："学习很重要的一条就是和高手过招，和比你能干的人去交流，只有与高手过招才能发现自己的不足和差距，才会有危机感。只与比自己差的人在一起，只有输出没有输入，与高手过招才能成长。"

研究优势和劣势

企业找到了行业内世界第一的标杆对手后，下一步就要对标杆对手进行全面而深入的分析与研究，找到区隔点。

那么，企业要研究标杆对手的什么呢？

答案是：研究标杆对手的优势和劣势。

研究标杆对手的优势，是为了对标学习标准。

当我们找到行业内世界第一的标杆对手后，接下来我们要疯狂地向它学习人、财、物、产、供、销上的资源配置标准。通过对照这些世界级标杆的标准，我们能够清晰地识别出自身存在的不足。然后缺什么补什么。

如果我们是经营过桥米线店的，那么就要找到世界第一的过桥米线店，去吃他家的米线，去研究他家的配料、汤底、服务流程、店面装潢以及员工管理等各方面的细节，然后对照这些标准，缺什么就补什么。

人与人之间的差距是由标准决定的，你选择用什么样的标准要求自己，就会成为什么样的人。同样地，企业与企业之间的差距也是由标准决定的。你选择什么样的标准，就会做出什么标准的产品；你选择什么样的标准，就会吸引什么标准的用户……企业的标准决定了企业的终局。

研究标杆对手的劣势，是为了找到真正的区隔点，成为一只不一样的"雄鹰"。

什么是"区隔点"？区隔点就是标杆对手做不

到，但是用户有刚需的方向。区隔点就是标杆对手
的劣势。

"竞争战略之父"迈克尔·波特说："最好的战
场是那些竞争对手尚未准备充分、尚未适应、竞争
力较弱的细分市场。"

《孙子兵法》里有一句话："凡军之所欲击，城
之所欲攻，人之所欲杀，必先知其守将、左右、谒
者、门者、舍人之姓名，令吾间必索知之。"

这句话告诉我们，在计划攻击敌军、夺取城
邑或斩杀敌方重要人员时，要事先对敌方情况有
充分了解。这包括敌方军队中的主管将帅、将帅的
亲信、传达报告的官员、守门的官吏，甚至是敌方
的门客、幕僚等人的姓名和相关信息。为了确保胜
利，我们要对这些信息进行详尽查探。

企业研究标杆对手的优势和劣势，也要做到

如此极致的地步，要研究得透彻，研究得全面，研
究得深入，研究得准确，这样企业找到的区隔点才
会准确；企业研究得马虎，研究得片面，研究得不
准，企业找到的区隔点就会产生偏差。

成为标杆对手的用户，"他摸"

那么，现在要提出下一个问题了：企业要如
何研究标杆对手的优势和劣势，找到区隔点？

想知道标杆对手怎么做，最直接、最快速的
方法是：成为标杆对手的用户，"他摸"。

这里需要明确一点，成为标杆对手的用户，
并不意味着我们要盲目模仿或抄袭，而是以用户的
视角，深入到标杆对手的业务场景中，通过观察和
体验，"摸透"他们的产品或服务的各个细节，从
而找到标杆对手的优势与劣势。

以行动教育为例，我们确定的标杆对手是世界级商学院——哈佛商学院、麻省理工学院斯隆管理学院等。接下来，我带领老师和高管团队，来到哈佛商学院、斯隆管理学院参观、学习，以用户的角度，对它们的硬件设施和软件资源进行了细致的观察，从而了解它们的优势和劣势。

除此之外，我们还可以成为标杆对手的合作伙伴，比如做标杆对手的代理商或经销商。通过这一方法，企业可以全面深入地"摸透"他们的产品或服务的各个细节，找到标杆对手做不到的、用户未被满足的需求点，从而找到自身与标杆对手的区隔点。

错位竞争

第 4 章

做到"独一无二"：
三个一

企业找到"独一无二"后，接下来要用"三个一"做到"独一无二"，做到极致差异化，与竞争对手形成第一差距。

找到不等于做到。企业通过"三元法则"找到自身"独一无二"的核心价值后，接下来企业要将找到的"独一无二"做到极致的差异化，与竞争对手形成第一差距。

如何做到"独一无二"呢？

方法论是"三个一"，如图 4-1 所示。

一个字眼	一致性	一句话
多、快、好、省	研、产、供、销、服	广告语
抓手	资源配置	买点
聚焦	全营一杆枪	

图 4-1　做到"独一无二"的方法论："三个一"

4.1

一个字眼：资源聚焦

先讲第一个"一"：一个字眼。

一个字眼就是企业落地"'我'等于什么"的抓手。我们要将找到的"独一无二"浓缩成一个字眼。这一个字眼要"一针捅破天"，成为企业的焦点，像激光一样具有穿透力。

有了这一个字眼，企业就有了经营管理的抓手，资源聚焦。如果没有这一个字眼，企业无法聚焦，就会散，会乱。

举例，京东等于"快"，天猫等于"好"，拼多多等于"省"，淘宝等于"多"，每个字代表了一家企业的焦点和核心竞争力。

那么，这一个字眼是什么样的？

首先，这个字眼要极"简"。在信息化高度发达的今天，用户每天接收到的信息纷繁复杂，数量庞大且内容杂乱。因此，我们需要找到一种方式，使用户能够在众多信息中记住我们，并且产生共鸣、兴趣和触动。

这就要求我们的表达要极度简洁明了，要不断地取一舍九，直至最终能用一个字眼精准地向用户传达企业的"独一无二"，从而迅速吸引用户的注意力。

其次，这个字眼要极"痛"。在企业经营过程中，我们要时刻牢记，企业的核心价值是服务于用户的。因此，在寻找这一个字眼时，我们要站在用户的角度，深入挖掘他们内心深处的渴望点和期望点。

在找这一个字眼时，我们最好是从用户的语言和逻辑中去挖掘，从用户的潜意识中去寻找。只有这样，这一个字眼才能真正打在用户痛点上。

比如，王老吉打在"上火"这一用户痛点上，红牛打在"困"这一用户痛点上，海飞丝打在"去头屑"这一用户痛点上。

为什么只能是一个字眼？

在课堂现场，一家模具企业的经营者告诉我，企业的核心价值是"多、快、好"。其中，"多"是说该企业的模具样式很多，能够满足用户的多元化需求；"快"是说该企业的模具生产效率高；"好"是说该企业模具品质的卓越与稳定。

我告诉他："你的企业很难成功。"

他问我："为什么？"

因为他犯了两个致命的错误。

第一个错误：不聚焦。

企业的时间是有限的，资源是有限的，但面临的竞争是无限的，在这种极度有限的条件下，企业不可能什么都做，什么都抓，全面开花。

当这家企业既要做"多"，又要做"好"，还要做"快"时，意味着企业有限的资源会被分散，无法聚焦。不聚焦就难以形成强大的杀伤力和冲击力，更无法形成核心竞争力，最终难逃被淘汰的命运。

纵观当今各行业的"雄鹰"，它们之所以能赢得市场、赢得用户，核心原因之一就是因为它们始终聚焦一个清晰的字眼。

比如，在中国乳制品市场上，三只"雄鹰"展翅高飞，它们分别是伊利、蒙牛和光明。这三家企业没有选择共同打一个字眼，而是错位飞行，各自聚焦一个字眼，做到极致差异化。

- 伊利聚焦"高品质"；
- 蒙牛聚焦"创新"；
- 光明聚焦"新鲜"。

第二个错误：不"独一"

企业只有把所有的资源聚焦在一个字眼上，这个字眼才会真正具有极强的穿透力，才能真正为用户创造独一无二的价值。这个字眼就是企业独一无二的符号或标签，是用户选择你而不是别人的理由。

请注意，用户没有时间来了解你，你要简单

直接地给用户一个符号或标签。比如，宝马卖"驾驶愉悦"；沃尔沃卖"安全"；特斯拉卖"智能高科技"。

刚才提到的那家模具企业有三个字眼，"多""快""好"。字眼多了，用户就迷茫了：你到底"等于什么"？我要买你的什么？

为了解决这个问题，这家模具企业要聚焦一个字眼，要么卖"快"，要么卖"好"，要么卖"多"。

假设这家模具企业最终锁定了"快"这个字眼，那么企业就需要围绕"快"来做资源配置。从产品设计、生产流程到售后服务，每一个环节都需要突出"快"的核心价值，让用户明确感知到选择这家企业就意味着选择了速度和效率。

众所周知，海底捞的一个字眼是"服务"。如果海底捞没有抢占"服务"这一个字眼，那么它只会成为一家平庸的火锅店。在火锅口味上，海底捞的表现中规中矩，难以让人品尝到特别之处；在产品价格上，海底捞既不是最昂贵的，也不是最便宜的。

换句话说，抛开"服务"这一个字眼，在竞争激烈的中国火锅市场中，海底捞既不是最好吃的火锅店，也不是最具性价比的火锅店。但如今，就算有餐饮企业在服务水平上逼近海底捞，用户仍然会认为它是在模仿海底捞。原因在于，海底捞率先在用户心中烙下了"服务"的标签。

正是因为有了"服务"这一个字眼，尽管海底捞的火锅口味可能不是最突出的，价格也比其他火锅店高，但用户仍愿意将其作为吃火锅的首选。正是凭借"服务"，海底捞成功跻身中国火锅行业的领导地位。

请问，如果现在你要开一家火锅店，你敢跟海底捞竞争吗？你能战胜海底捞吗？

能！只要你找到"独一无二"，并且将其浓缩成一个字眼，你就有可能与海底捞错位飞行，在自己的天地里独占鳌头。

巴奴毛肚火锅进军郑州市场时，海底捞在此地已经经营了 3 年，稳居全国餐饮十强之列，品牌影响力日益增强。郑州市区内的每一家海底捞门店都吸引了众多用户排队等候，显示了其强大的市场地位。

面对实力如此雄厚的对手，巴奴毛肚火锅选择了错位竞争。巴奴毛肚火锅首先找到了自身的"独一无二"——"服务不是我们的特色，毛肚和菌汤才是"，进而浓缩成一个字眼——"好吃"。

巴奴毛肚火锅以"好吃"为"武器"挑战海

底捞的"服务"，这一招有效吗？

3 年之后，虽然海底捞在全国范围内的领先地位依然稳固，但在郑州地区，巴奴毛肚火锅的直营店数量已接近海底捞的两倍。在各大点评网站上，巴奴毛肚火锅在推荐指数、翻台次数、排队指数、客流以及客单价等重要指标上均展现出显著优势。

一句话总结：企业要将找到的"独一无二"浓缩成一个字眼，来代表"'我'等于什么"，让用户极简、极快、极明确地了解你。

水果零售历来是世上最难做的生意之一，中间链条多、运输损耗大、销售成本高。看似毛利高，利润却比刀锋还薄。而且行业竞争惨烈，从路边摊到便利店，从线下到线上，对手无处不在。

在大多数人的认知里，水果零售犹如"俯身捡钢镚"，是注定做不大的生意。

然而，就是这个被人称为"苦行当"的小生意，有一家企业打下了水果零售行业第一个超百亿江山，在 2023 年成功登陆港交所，成为"中国水果连锁零售第一股"。

这家企业就是百果园。

从一家小门店到年销 100 亿元，百果园如何在小水果里做出大生意？

创始人余惠勇先生道出二字真谛："好吃"。

故事要从 2002 年说起，余惠勇先生敏锐地洞察到了一个巨大的商业机会，他要开创一种全新的水果销售模式——水果专卖连锁。

作为第一个"吃螃蟹"的人，与福特开创汽车一样，余惠勇先生被称为"水果疯子"，起初并不被各界看好。甚至有的业主不愿意把店面租给他，认为他的水果店开不下去。国内研究零售业态的经济学家也断言：水果连锁模式全世界都没有，不可能成功。

面对种种质疑，余惠勇先生隐约感觉到会很难做，如果不难，就轮不到自己了，但难在哪里呢？当时的他并不知道，但他知道自己就是要做难而正确的事，做世界第一的水果专卖连锁品牌。

2002 年 7 月，第一家百果园门店"深圳福华店"正式开业，这也是中国第一家水果专营店。这家店的生意火爆程度超出了所有人的意料。50 多平方米的店面，开张第一天销售额将近 2 万元。一个月下来，这家门店的销售额达到 40 多万元。

百果园起局就是错位竞争，选择的是价值创新这条路，开创了一个新的商业模式。这一商业模式给用户带来了独一无二的价值：高品质的水果和专业的水果服务。当市场上其他水果商贩、商超等都在打价格战时，百果园以高品质的水果和专业的服务，成为用户购买水果的首选。

在商业世界里，一旦有蓝海市场出现，没过多久，就会变成红海。所以，错位竞争的关键是要不断地为用户开创独一无二的价值。

随着百果园水果专卖这一商业模式的火爆，很多人看到了商机，市场上冒出很多"千果园""万果园"……百果园开创的水果专卖从蓝海成为红海，之后甚至成为"血海"。

面对激烈的市场竞争和用户需求的变化，百果园开始寻找新的突破口。

余惠勇先生和夫人一起来上我的《赢利模式》课程，当时百果园的发展到了瓶颈期，多年没有增长，做得非常艰难。学了《赢利模式》课程后，他们的思维改变了，他们明白了要找到企业的核心价值。那么，水果的核心价值到底是什么？

2007 年，在一个偶然的契机下，百果园找到了水果的核心价值。

有一次，余惠勇先生朋友的孩子在百果园门店进行社会实践。有一天晚上，余惠勇先顺口问他百果园生意怎么样，孩子说不错。他又问："顾客为什么会买百果园的水果呢？"孩子随口答道："好吃呗。"

真是一语道破玄机。余惠勇先生一下子醍醐灌顶，捕捉到了"好吃"这一字眼。但是，"好吃"是否能够成为百果园的核心价值，是需要经过论证的。毕竟，企业的每一个决策都是成本。

为了论证"好吃"，百果园用到了"三个放大镜"工具——第一个放大镜：是不是用户的真需求；

第二个放大镜:是不是对手最薄弱、做不到的;第三个放大镜:是不是自己最强的。

通过这一工具,去尽繁芜始见真,余惠勇先生发现"好吃"是检验水果的首要标准。从此,百果园聚焦这一字眼,开启了死磕"好吃"之路的征程。

怎么为用户提供好吃的水果呢?尽管这看似只是一个不痛不痒的字眼,但真正实施起来却远没我们想象中的那么简单。针对不同水果的特性和共性建立果品标准是一个世界性难题,品质难统一也是制约果品行业发展的一大"魔咒"。

什么是"好吃"的标准?没有标准会出现什么情况呢?店员可以在店里吆喝:"过来瞧一瞧看一看,我们家的水果可好吃了。"但当用户问及怎么个好吃法,店员傻眼了,因为他无法定义"好吃"。

除此之外,很多用户会有不同意见:你家的水果怎么比去年的还要难吃？你是不是以次充好？别家门店的水果比你家的好吃……这一系列问题如果没有标准很难解决。要做到"好吃"，一定要有一个标准。

这一次，余惠勇先生又一次选择做难而正确的事——既然"好吃"没有标准，那么我们制定一个"好吃"的标准。百果园开创了"好吃"果品标准体系，余惠勇先生把标准称之为企业的"牛鼻子"，只有完善了标准，企业才能做到"有法可依"，才能牵着企业这头"牛"往前走。

百果园的"好吃"果品标准体系包括两方面。

首先定义什么是"好吃"。百果园锁定的用户群是有一定经济能力、对水果有一定辨识能力、对生活品质有追求的中高端用户。"好吃"不是你觉得好吃，也不是我觉得好吃，而是大家都觉得好吃。大家公认的"好吃"有三层含义：好吃的就是营养的，好吃的就是安全的，好吃的就是生态的。

其次如何做到"好吃"。百果园建立了"四度一味一安全"水果分级体系。什么是"四度一味一安全"？就是把水果按照"糖酸度、鲜度、脆度、细嫩度、香味、安全性"分成"招牌、A 级、B 级、C 级"4 个等级。这样的品质分级既能让每一颗水果达到"好吃"的标准，又能让用户真正地感受到"好吃"。

如果追本溯源的话，水果"好吃"的起点在于生产源头。余惠勇先生认为："所有的生鲜商品都会面临同样的问题，无论营销模式怎么样，最终将好产品给到用户才是根本。好水果是种出来的，是养出来的，是生产出来的，不是选出来的，所以供应链的核心是生产端。"

为了保证"好吃"，百果园从种植源头抓起，优化改良品种，严格执行采购标准、品控标准、配送发货标准、门店收货标准、销售标准等五大标准体系，全程介入监控品质，以"好吃"为基，守好"鲜度"和"安全性"两条生命线。

就拿主要种植在广西百色右江河谷的桂七芒果来说，因为每年采摘季节雨水较多，再加上当地农户粗放管理，存在采后病害高发、货架期短、采收成熟度和质量不均等痼疾。

了解到该现象后，百果园借助测试、比较分析等方法，设计出桂七芒果"色卡"，为果农采果、采购员采货、品控员收货时对果实成熟度的把控提供参考标准，有效保障果品质量，并因地制宜地提供技术诊疗，为桂七芒果防病排害，不仅延长其采后寿命，也控制其在流通中的腐坏。

不止于此，面对御风逐浪的消费升级趋势，百果园加大创新投入，2022年研发费用同比增长近24%，不断供应高质、多样、新型的瓜果桃李，迎合用户对美好生活品质的追求。

在水果配送方面，如何保证"好吃"？水果零售业毛利高、净利低的根本原因在于水果易腐，水果配送过程中的平均损耗率高达 35% 至 45%。这是全行业难以克服的痼疾。

百果园通过采用全国多仓模式，以 29 个大仓库为区域初加工和配送中心，辐射周边 300 公里范围内的门店。精确的仓储布局，使百果园的全链路损耗率降到了 5% 以下。

百果园还有"撒手锏"。像红艳奶油香草莓，风味绝佳，却长在北方，因为运输路途远、损耗大，南方几乎吃不到。为此，百果园在该项目亏损了 4 年，摸索出一套草莓运输保鲜技术，不仅要用特殊的码箱、冷链车厢保持特定的温度，而且要控制车速，终于将草莓的损耗率从 60% 降到 8%，实现了"北莓南运"。

因为供应链可控，所以百果园的果品损耗少、品质高，进而提升了毛利率。

"'我'等于什么？"百果园用 17 年的时间回答了这一问题："'我'等于'好吃'。"

聚焦"好吃"的核心价值，百果园把"好吃"做到极致，做到第一"好吃"，构建了自己的核心竞争力，成为行业"鹰王"。国际知名调研机构弗若斯特沙利文发布报告，基于对水果连锁零售市场 2013 年至 2022 年的研究，百果园连续 10 年销量第一，连续 10 年销售额第一，门店数第一。

《大学》里说："知止而后有定，定而后能静，静而后能安，安而后能虑，虑而后能得。"经营企业也要"知止"，与其将 100% 的资源分散地投入 100 个产品，不如将 100% 的资源投入 1 个产品，将这个产品做到极致，拿到"金牌"。然后，在这个产品的基础上不断升级，最终形成持久的竞争优势，形成极深的"护城河"。

百果园也是一样。2014 年 1 月 5 日，百果园在深圳举办黄金十年战略发布会，将"好吃"战略升级为"高品质水果专家与领导者"。

很多人质疑，百果园是否要放弃"好吃"这一字眼？

对此，余惠勇先生的回答是："好吃"的标准要不断围绕用户价值创新。这一次的战略升级不是放弃"好吃"，而是将"好吃"进一步深化和升华，继续为用户创造独一无二的价值。

强大的品牌效应，令百果园的未来值得更高的市场期许。而"一生只做一件事，一心一意做水果"的余惠勇先生，对百果园的未来也极其笃定："水果会一直陪伴人类，所以水果生意是可以做千年、万年的，这就是我们不疾不徐，把根基打牢的原因。"

错位竞争，首先要理解"位"，什么是"位"？"位"就是你在用户心中提供价值的定位，错位就是独一无二的价值。

——百果园董事长余惠勇

现在让我们回到案例开头的问题: 百果园靠什么在小水果里做出大生意?

答案是: 聚焦"好吃"这一核心价值。

通过百果园的案例, 我想告诉你的是: 企业将找到的"独一无二"浓缩成一个字眼, 然后把所有的资源聚焦在一个字眼上, 才能"一针捅破天"。

4.2

一致性：资源配置

再讲第二个"一"：一致性。

当我们将找到的"独一无二"浓缩成一个字眼后，紧接着要做到一致性。什么是"一致性"？

"一致性"是指企业在研、产、供、销、服各个环节上都要围绕一个字眼做资源配置，全面聚焦，做到"全营一杆枪"。

以经营过桥米线店为例。如果我们锁定的字眼是"鲜"，那么接下来我们就要围绕"世界第一鲜"做资源配置，从战略、价值创新到产品、团队、用户，再到原材料、研发、生产、管理、服务⋯⋯

企业的方方面面都要围绕"鲜"这个字眼，做到"万箭齐发"，"全营一杆枪"。

什么叫"全营一杆枪"？

企业的核心价值不是靠企业经营者"找"出来的，而是靠"全营一杆枪"一起打出来的。企业所有人都要围绕一个字眼，围绕一件事，从上到下拧成一股绳，死磕这一件事，把这一件事做到位，才具有杀伤力，才能形成企业的核心竞争力。

企业不能东一榔头西一棒子，更不能让每个部门各自为政。因为企业的时间和资源是有限的，要确保一致性，做到"全营一杆枪"，全国一盘棋，将所有的力量汇聚在一起，力出一孔。

企业围绕一个字眼做到一致性，做到极致差异化，形成自身的核心竞争力，成为自身的"绝活"，然后"一针捅破天"。

一致性，说起来容易，做起来却很难，这也是很多企业找到了"独一无二"，却做不到"独一无二"的核心原因。

举例，在课堂上，一家安徽老字号餐饮企业的经营者，分享了企业在错位竞争时遇到的问题。几年前，该企业经营者听完我的课，回到企业后，通过"三元法则"找到了企业的"独一无二"——"正宗徽菜"，选择做"世界级徽菜第一品牌"。

然而，经过几年的努力，他们发现错位竞争并未使企业取得预期的效果。对此，该企业经营者提出了疑问："李老师，您说要找到'独一无二'，锁定一个字眼，我确实做到了，但为什么没能实现预期的效果呢？"

我问他："锁定一个字眼后，你是怎么做的？"

他回答道："我重新装修了门店，升级了菜单，营销推广以'正宗徽菜'为核心，告诉用户'我'等于'正宗徽菜'。"

请大家在这里驻足片刻，用两分钟的时间思考一下，这家安徽老字号餐饮企业的问题出在哪里？

问题就出在没有做到一致性。锁定"正宗徽菜"这一字眼后，不是简单地装修门店，重新印刷一份菜单，告诉用户"'我'等于正宗徽菜"就行了，关键是企业要做到"'我'等于正宗徽菜"。如何做到？

在徽菜研发、菜品烹饪、原材料采购、营销推广以及服务等多个经营环节，都要做到一致性，以"正宗徽菜"的标准来配置企业资源。

以安徽特色菜臭鳜鱼为例，在研发上，要深入研究安徽传统臭鳜鱼的烹饪技艺，结合现代餐饮理念，不断创新和优化，确保菜品口味的正宗与独特。

在菜品烹饪上，严格遵循传统烹饪方法，选用优质食材，精心烹制，确保每一道菜品都能展现出徽菜的独特魅力。

在原材料采购上，与当地农户建立长期稳定的合作关系，确保原材料的新鲜与正宗，为菜品品质打下坚实基础。在营销推广上，要突出"正宗徽菜"这一核心卖点，通过各种渠道和形式，将品牌的核心价值传递给用户……

只有围绕"正宗徽菜"做到全方位的一致性，"全营一杆枪"，才能真正实现"'我'等于正宗徽菜"。

这时，有人可能会问："我找到了企业的'独一无二'，锁定了一个字眼，也做到了一致性，为什么还没有取得成功？"

一致性需要企业经营者取一舍九，需要多年如一日的坚持、专注和勇气，久久为功，才能走向成功。

在消费品零售行业，有一家企业在全球经济下行的大背景下异军突起，成为中国品牌全球化标杆。这家企业就是名创优品。

下面，我将从错位竞争的视角出发，系统性地梳理名创优品迈向"全球化的超级品牌"背后的商业逻辑，找到规律，找到共性，以期为那些正处于困惑、纠结、迷茫中的企业经营者提供新的启示。

2013 年，名创优品在广州中华广场开了第一家门店，10 年后（截至 2024 年 3 月 31 日），全球门店数量达到 6630 家，业务遍及全球 111 个国家和地区。过去 5 年，名创优品累计实现商品交易总额 1000 亿元。根据名创优品 2023 年财务报告显示，其业绩、利润及毛利率均再创新高——2023 年全年收入突破 138 亿元，同比增长近 40%，调整后净利润约 23.6 亿元，同比增长高达 110%。

通过这些数据，我们可以捕捉到几个关键词：百国、千亿、千店。那么，名创优品是如何实现这些壮举的呢？

名创优品创始人叶国富先生认为：名创优品之所以能够取得今天的经营成果，错位竞争起到了举足轻重的作用，其贡献占比超过 50%。

错位竞争 1.0：走总成本领先这条路，为用户创造极致性价比。

2019 年以前，中国的消费品零售行业可谓一片红海，市场竞争异常激烈。在这个行业中，不仅大型企业群雄逐鹿，更有众多的中小企业纷纷涌入，希望能够在这个巨大的市场中分得一杯羹。那么，为什么名创优品能够在如此激烈的行业竞争中脱颖而出呢？

这一阶段的名创优品选择走总成本领先这条路，通过为用户创造极致性价比，成为用户首选。

这个世界有两种生意谁都会干，一是把东西做得很好，价格卖得很贵；二是把东西做得很差，价格卖得很低。但是这个世界上最难干的生意是把品质做得很好，价格做得很低。名创优品干的恰恰就是这种生意。

如何做到这一点呢？

叶国富先生认为，名创优品把最本质的东西

做到了三个极致：极致的产品设计、性价比以及购物体验。只要做到这三个极致，无论是线上还是线下，在哪里生意都很好。

以极致的产品设计为例。

名创优品极致的产品设计有三个标准：第一，系列感；第二，简约风；第三，高颜值。比如，名创优品的经典设计产品——名创冰泉，凭借其独特的设计被誉为"爆款中的爆款"。其圆锥形瓶身设计不仅要求无缝衔接，更体现了工艺与美学的完美结合。名创优品在设计这一产品时，选择了近50家玻璃厂和80家灌装厂，才确保了该产品的成功量产与上市。

名创优品的设计理念是：利润虽低，必不敢省人工；价格虽低，必不敢减物力。名创优品全新升级"全球产品创新中心"，并计划在中国、美国、日本及韩国投入建设4个设计中心，针对不同区域的市场提供更为专业的设计输出。名创优品围绕洞察能力、设计能力、技术能力这三大创新能力，为用户创造更多"好看、好玩、好用"的产品。

作为消费新零售企业，名创优品为什么不断在产品设计上死磕？

名创优品认为，设计提高了产品的附加值，只有让用户感觉到产品的价值远远超越了产品的价格，他们才会买单。如果只做价格，死路一条。在保证产品美感、品质的基础上再谈价格，才有竞争力。

再以极致的性价比为例。

名创优品的香水来自奇华顿，奇华顿是一家上百年的欧洲顶级香精制造商，同时是爱马仕、香奈儿等经典香水的供应商。名创优品的眉笔 10 元一支，其供应商是迪奥、美宝莲的供应商。

为了把极致的性价比做到极致差异化，名创优品在 2019 年以前，将企业的资源配置围绕极致性价比展开。为实现这一目标，名创优品削减了不必要的开支，并严格筛选每个单品，确保其满足用户的核心需求，避免涉足高毛利但受众有限的小众市场。同时，名创优品采取大规模采购策略，通过数量优势降低成本，并去除中间环节，有效缩短从工厂到门店的供应链渠道，进一步提升整体运营效率。

叶国富先生认为，产品的品质是由直接材料决定的，产品的价格是由企业的效率决定的。企业效率越高，出厂价越低，就会越有竞争力。效率是企业提升核心竞争力的唯一路线。

名创优品在商品更新方面表现出极高的效率，每 7 天上新 100 个新品，通过高频上新来增加用户黏度。这一高效运营模式的背后，离不开一套先进的信息系统。为此，名创优品委托国内顶尖的 IT 设计企业为其量身定制了一套 ERP 系统。该系统能够实时分析产品销售情况，完成结算等关键业务，确保所有经营行为实现数据化管理。

依靠总成本领先战略，名创优品实现了"高进店""高转化""高连带"的销售结果和"高周转""高坪效"的业务模型，构筑起了一道坚实的竞争壁垒，使后来的模仿者和同类对手只能在缝隙中寻找机会，难以构成威胁。

选择大于努力。并非所有品牌都有实现"千亿"的潜力。而在为用户创造极致性价比这条"长坡厚雪"的赛道上，名创优品有了穿越时间、穿越空间、穿越人群，实现"全球千亿级超级品牌"的基础。

错位竞争 2.0：走价值创新这条路，聚焦兴趣消费，引领全球 IP 潮流。

叶国富先生立志把名创优品打造成一个全球化品牌，与此同时，他也深刻地感知到，随着线上平台如淘宝、拼多多、抖音等迅猛发展，中国的零售市场正经历着翻天覆地的变革。这股变革的力量仿佛一只无形的大手，横亘在名创优品前进的道路上。

名创优品作为一个集产品属性和渠道属性于一体的复合品牌，其经营范围广泛，涵盖香水香氛、彩妆、美妆工具、电子电器、生活家居、玩具等 11 个大品类，因此，在如此众多的变量中，如何精准捕捉并把握具有确定性的战略机会，无疑是一项极具挑战性和复杂性的任务。

许多人会把问题归咎于线上电商平台的迅猛发展。从行业的视角来看，这个判断似乎正确，但这不是问题的根源。问题的根源出在用户价值上。

随着消费需求的变化，名创优品原本"极致性

价比"的差异化优势已经不再突出。一方面，Z 世
代正成为消费主力军，悦己需求和情绪价值成为消
费新时尚，跨界联名、社交种草，新玩法越来越
多。另一方面，中国电商经济快速发展，"极致性
价比"的差异化优势不断被"123 上链接"等影响
而渐渐模糊。

叶国富先生认识到，要成为伟大的企业，有
三条路径：第一是成为超级平台，如亚马逊、阿里
巴巴、京东；第二是拥有超级技术，如苹果、特
斯拉、华为；第三是成为超级品牌，如耐克、星
巴克。

总成本领先的路子难以支撑起名创优品的全球
化战略，超级品牌必须有超级价值，必须找到新的
"独一无二"，为用户创造新价值。

"用户价值"的大小往往决定了"品牌价值"
的大小，因此名创优品开启了第二次错位竞争升

级，升级的就是"用户价值"。于是，名创优品选择走价值创新的路子，开始了错位竞争的新尝试。

"用户价值"的升级，其核心在于如何更为精准地契合用户不断涌现的新需求与痛点。名创优品凭借其在"极致性价比"方面的显著认知优势，明确了提升用户价值的路径——在通过"性价比"对接物质需求的基础上，进一步提供"情绪价值"来对接用户"对美好生活的向往"这一精神需求。与此同时，这一升级方向又与当下年轻人注重自我满足、自我实现、为兴趣消费的趋势不谋而合。

经过一年的时间深入研究行业、研究用户、研究标杆对手，2020年，叶国富先生找到了名创优品新的"独一无二"，并将它锁定为一个字眼——"兴趣消费"。

为什么会锁定"兴趣消费"？

如同苹果开创了智能手机,名创优品也开创了"兴趣消费"这一全新赛道。在当前的市场环境中,兴趣消费尚处于未被充分开发的蓝海领域。

之所以锁定"兴趣消费",主要源于当代年轻人消费观念的转变。他们更倾向于追求消费所带来的情绪价值,而非仅仅关注价格或功能本身。消费的本质是开心,开心快乐是全人类的集体追求,兴趣消费则是通往开心的路径之一。

此外,兴趣消费是全球性趋势,对外符合中国经济的高质量发展,对内符合名创优品的全球化战略和用户需求。找准中国庞大人口基数的消费兴趣在哪里,围绕他们的消费兴趣去开发产品,一定会有好的收获。

由此,名创优品进入下一个 10 年,即 2.0 发展阶段,也可以说是错位竞争 2.0。

锁定了"兴趣消费"后，名创优品开始围绕这一字眼做资源配置，在战略、研、产、供、销、服等经营环节做到一致性，"全营一杆枪"，力出一孔。

锁定"兴趣消费"要站得高、看得远，是1%的人要做的事。一致性就要躬身伏地，是99%的人的身体力行。企业的"独一无二"一旦确定了，一致性就是重中之重。

为了将"兴趣消费"化虚为实，名创优品一切都围绕"兴趣消费"形成一致性。2023年，名创优品围绕"兴趣消费"做了品牌战略升级：

使命：为开心而生；

愿景：成为世界第一的IP设计零售集团；

定位：全球IP联名集合店。

兴趣消费的抓手是什么？

IP 联名是名创优品引领兴趣消费的特色和构筑内容的抓手。名创优品把 IP 开发做到了极致。

名创优品与全球超 100 个知名 IP 版权方有着深度合作，其中包括迪士尼、三丽鸥、故宫宫廷文化、漫威、侏罗纪、芭比、Loopy、Chiikawa 等。名创优品通过 IP 联名和孵化自有 IP 爆款，打破了产品创新和市场拓展的天花板。

2018 年，为促成与迪士尼的合作，叶国富先生亲赴迪士尼总部，推进版权合作。

一个上午，他连续进行了四次 PPT 讲解，直到见到迪士尼高层，让对方松口说出"愿意慎重考虑"。当时叶国富先生向随行的团队成员表态：拿下迪士尼不回国。这一坚定决心和积极行动，最终促使迪士尼开始对名创优品进行深入调研，并在发现名创优品的显著优势后，开始与之合作。

不少人对此抱有疑问：叶国富先生做 IP 的信念为什么如此强烈？

深入探究后得知，名创优品挖掘品牌与知名 IP 间的融合潜力，目的就是利用 IP 产品构建差异化竞争优势，提高用户黏性和复购率。

叶国富先生曾表示，名创优品要成为超级品牌，就要构建"五个超级"——超级符号、超级品类、超级 IP、超级门店、超级用户。通过对品牌符号、潮流产品、影响力 IP、高势能门店的打造，来打造中国品牌的影响力。

在产品上，名创优品聚焦兴趣消费的三个抓手是打造"好看、好玩、好用"的产品。颜值靠设计，好玩要有内容，这些都是为兴趣消费做铺垫。今天的商品世界无比丰富，不缺少功能性商品，所以名创优品把"好用"放在第三位，用户更需要的是情感连接。

基于此，名创优品取一舍九，聚焦于提供情绪价值、强 IP 属性和差异化的产品品类，将盲盒、毛绒玩具、香氛、旅游出行等作为核心战略品类。2024 年一季度财报显示，名创优品壁垒品类销售贡献占比超过四成，销售额同比增长超过 40%。

要做到世界第一的 IP 设计零售集团，把"兴趣消费"做到第一差异化，形成核心竞争力，名创优品靠的是什么？

答案是："1+3 模式"，即"1 个中国 +3 个全球"的商业布局。"1 个中国"是指中国供应链，名创优品与全球 1400 多家供应链企业建立生态合作，其中 76% 是中国供应商，依托优秀的中国供应链实力，确保名创优品成功出海。"3 个全球"即全球 IP、全球设计和全球渠道。

通过"1+3 模式"，名创优品正在逐步构建新的核心竞争力，做到让全球的用户能以更高的性价比买到 IP 联名设计产品。这是一个商业层面的颠覆和创新，也是中国品牌的创新发展。

到此为止，关于名创优品错位竞争 2.0 的内容已经阐述完毕。图 4-2 为名创优品错位竞争 2.0 示意。

前 10 年，"极致性价比"是名创优品的经营基础；未来 10 年，名创优品的经营基础是"性价比 +IP"，聚焦"兴趣消费"打造全球化超级品牌。

正如比利时学者普利高津在《探索复杂性》一书中写的，我们正步入一个世界：在其中，将来是未决的，在其中，时间是一种结构，我们所有人都可以参与到这当中去。

人，身在世界；你，如何参与其中？

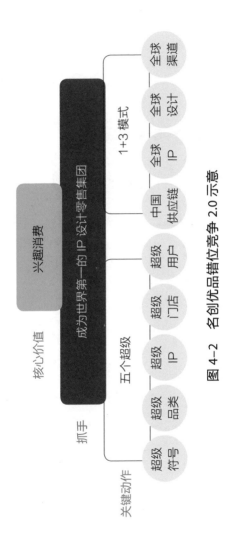

图 4-2 名创优品错位竞争 2.0 示意

要成为伟大的企业，有三条路径：第一是成为超级平台，如亚马逊、阿里巴巴、京东；第二是拥有超级技术，如苹果、特斯拉、华为；第三是成为超级品牌，如耐克、星巴克。

——名创优品董事长叶国富

现在,当你读完名创优品的案例后,请思考一下:名创优品如何实现百国、千亿、千店?

找到"独一无二",锁定一个字眼,做到一致性,把所有的资源对准一个城墙口冲锋,集中兵力,力出一孔,才能决胜于千里之外。

4.3

一句话：非买不可的理由

再讲第三个"一"：一句话。

"一句话"是什么？一句话是广告语，是买点。用户为什么买"你"？这一句话就是给用户一个非买不可的理由。

举例，王老吉的一句话是"怕上火，喝王老吉"，用户买王老吉，就是在买"祛火"。

当我们将"独一无二"浓缩成一个字眼，围绕一个字眼做资源配置，做到一致性后，接下来，我们要站在用户角度，把它变成一句话的广告语。

为什么要有"一句话"？

一句话是为了广告传播。用户每天会接触到大量的信息，如何在众多的信息中脱颖而出，让用户注意到我们，看到"'我'等于什么"，这就需要一句广告语。

只有当所有用户都知道你的"独一无二"时，你才真正做到了"独一无二"。

企业所有对外传播的点都要围绕这一句话来展开，因此企业经营者要高度重视这一句话，不能关起门来拍脑袋想，而要站在用户角度，理解用户的真实需求和痛点。同时，企业经营者还要充分考虑竞争对手的定位和策略，寻找差异化和创新点。

做我们所讲，讲我们所做。最后，请允许我

为大家分享行动教育的错位竞争之路，以期为大家提供更深入的理解和实践指导。

2001 年至 2010 年，随着知识经济的崛起和全球化的发展，企业经营者、创业者、管理者对管理教育的需求日益增长，成为名副其实的"蓝海"。

在这"黄金十年"中，管理教育行业经历了翻天覆地的变化，不仅涌现出众多知名的管理教育机构，还催生了一批批优秀的管理教育者和企业家。

2006 年，行动教育在上海应运而生。虽然是初创企业，开局我们便选择了价值创新这条路，锁定的是企业家实效教育，核心产品是由我主讲的《赢利模式》课程。在创立的前三年，得益于时代红利和实效的课程，行动教育进入了快速成长期。2007年，企业规模已成功突破亿元大关。

商业的规律是:哪里有"蓝海",哪里就有"红海"。当时的管理教育行业在野蛮发展中呈现出三大特征。

第一,门槛极低。对授课老师没有学历要求,不需要高科技设备,凭着老师一张能说会道的嘴就能开始讲课。

第二,成本极低。不需要办公场所,不需要重资产投入。

第三,需求极高。市场对管理教育的需求很高,为从业者提供了广阔的市场空间和发展机遇。

管理教育行业的这些特征,吸引了大量的从业者涌入该领域,人一多,竞争就激烈。这时,管理教育行业已经演变为一片"红海"。产品出现同质化、过剩化——大家有相同的赛道,即"企业管理";锁定了相同的用户群,即"企业经营者""创业者""管理者";授课内容也是一样的……

在这片"红海"中,各方参与者无时无刻不在为争夺生源而展开激烈的角逐。为了成为最后的赢家,大家纷纷使出浑身解数,大打价格战。

比如,深圳某管理培训企业率先打出了"学习卡模式"——用户只要购买一张学习卡,上课只需几百元。再比如,某管理培训企业打出了"代理商模式"和"经销商模式",把用户变成自己的经销商、代理商。

价格战打到最后,"红海"成为"血海",行业出现了某些免费现象。

比如,某管理培训企业过去一天的课时费是每人800元,现在已经降至每天200元、100元。甚至更进一步,有些管理培训企业为了吸引更多的学员,采取了免费试听的策略,即先提供免费的学习机会，待学员完成课程后再收取相关费用。

当行业大打价格战时，行动教育不可避免地遭受了巨大的市场冲击。

首先，用户大量流失。在价格战的冲击下，一些学员开始被低廉的价格所吸引，转而选择了其他管理培训企业。

其次，老师自立门户。企业许多经验丰富的老师看到了行业的机遇，纷纷选择自立门户，或创立管理教育企业，或成为个体老师。

在这种情况下，我们不仅要面对外部市场的激烈竞争，还要应对企业内部的四分五裂，形势十分严峻。

是继续坚持价值创新，还是跟进价格战？一个艰难的选择摆在了我的面前。

作为一个在多个竞争激烈的行业中摸爬滚打过的连续创业者，我深知自己的每一个决策都可能影响企业的命运。从跆拳道教练到风驰传媒广告创始人，再到 TOM 户外传媒集团 CEO，我见证了不同行业的价格战带来的残酷后果。一些企业为了短期的市场份额和利润，盲目跟进价格战，最终却失去了品牌的核心价值和市场地位。

虽然我深知价格战的"双杀"效果（"杀"战略和"杀"用户），但企业的管理者、员工不知道，因为他们没有经历过创业。刚开始，营销团队希望我同意降价，认为只有我们选择降价，他们才能把课程卖出去。后来，企业的核心管理者也建议降价，认为这样才能吸引更多的用户，让企业生存下去。

在巨大的内外部压力下，我拒不降价，死命坚守价值创新这条路。越是艰难的情况下，越是要取一舍九，一招制胜。我们不但未降价，还要增加成本投入，死磕"实效"的用户价值，成为世界级实效管理教育机构。

当行业正在激烈地打价格战时，我们通过坚守价值创新这条路，通过为用户创造独一无二的价值，推出了价格更高的《赢利模式》课程。

这一课程在内容、教学方式和服务上都进行了全面升级，以满足用户在企业经营实战中的实际需求。更实效的课程价值、更大道至简的教学方式、更细致的学习服务，让《赢利模式》课程成为大多数用户的首选，也让行动教育在那场价格战中不战而胜。

从此，"不打价格战"成了行动教育的铁律，和"不复杂""不做多"，一起构成了行动教育的"三不"原则。

后来，当行业再出现价格竞争时，管理层和营销团队不再要求降价，而是要求把用户价值做得更好来支撑价格。

我们虽然在资源配置上以价值创新为标准，但这并不意味着我们可以乱花钱。成本控制是价值创新的手段，它要为战略服务。也就是说，我们该花钱的时候要花，但是要把每一分钱都花在"刀刃"上。

什么叫"成本控制"？

在行动教育的校区，用户上课的阶梯教室装修标准为每平方米1.2万元左右，而楼下我的办公室和整个上海集团总部的办公室装修标准为每平方米2000元左右；企业打印文件要双面使用，甚至我在做笔记时，会把纸张裁剪成两段，实现一张纸的四面利用；企业所有人，包括我、高管等，都不配备专车……这就是成本控制的具体体现。

那么,我们是如何找到"实效"的呢?

"实效",不是我们坐在办公室里凭空臆想、拍脑袋找到的,而是经过深入研究行业、研究用户、研究标杆后所得出的科学结论。在选择了价值创新这一条竞争路径后,我们开始研究用户。

研究用户的第一个动作是弄清楚谁才是行动教育的终极用户。

许多管理教育企业为了迅速扩张,会选择与经销商、代理商以及渠道商合作。行动教育从一开始就坚持长期主义,专注于自身的教育内容与教学方法的研发与升级。与经销商、代理商或渠道商的合作虽然能在短期内带来显著的市场份额增长,但从长远来看,却可能牺牲教育的品质。

因此,行动教育没有经销商、代理商,也没有渠道商,我们的终极用户是企业经营者,我们将全部精力与资源聚焦于用户，致力于为用户提供更优质的服务。

锁定了用户后，我们把自己当用户，深入实际场景，以用户的视角去"摸"透痛点。

企业经营者为什么会选择我们的课程？他们是在什么样的情况下选择学习管理教育课程？在学习的过程中，他们会有怎样的体验？学习完以后，他们如何将所学知识付诸实践？他们期望通过学习这门课程收获什么成效？……

经过深入的场景研究，我们洞察到企业经营者的主要痛点集中在两大方面。

第一个痛点是经营决策。企业经营者面临着诸多决策，比如战略决策、价值创造、组织决策、财务决策等，每一个决策都需要谨慎权衡。然而，由于市场环境复杂多变，信息纷繁复杂，企业经营者往往难以全面把握各种因素,导致决策失误或延误。企业所有的动作都是成本。企业经营者的决策不对,成本翻三倍。这种情况下,企业可能会错失发展机遇,甚至陷入困境。

第二个痛点是团队管理。即使企业经营者能够做出正确的决策,也需确保这些决策能够被企业的执行人员充分理解和有效执行。单纯依赖企业经营者个人的决策能力是不够的,因为只有当执行人员能够真正领会并贯彻这些决策时,决策才能得到切实有效的实施。

企业经营者期望通过学习这门课程收获什么成效?

几乎每一位企业经营者都怀揣着将企业做得更好、变得更强的梦想。他们希望通过学习管理教育课程,提升企业的管理水平和竞争力。

再进一步量化，企业经营者期望通过学习这门课程，企业能够在市场份额、品牌知名度、创新能力等方面取得显著的提升，赢得更多的用户和社会的认可，成为行业的领军者，成为世界第一。

基于用户的核心痛点，我们提出了"加速企业迈向第一"的愿景，旨在通过实效的经营管理课程体系，帮助企业经营者提升管理水平，为企业提供战略、价值创造、组织、人才、财务、品牌、销售等方面专业的企业管理知识服务，助推企业迈向第一。

通过研究用户，我们找到了用户的核心痛点是追求"成为世界第一"。我们还要研究标杆对手，找到区隔点。

谁是行动教育的标杆对手？

行动教育在上海成立之初，正值管理教育行业迅猛发展的黄金时期。在此期间,深圳的一家企业通过价格竞争做到了行业第一,对外声称营收达到 20 亿元。与此同时,另一家企业凭借代理商和渠道商的竞争策略,也在行业中取得了显著成就,跻身行业前列。

当时,很多人向我提议,行动教育要向这两家企业学习,以它们为标杆对手。我坚决地否定了这一对标的建议。原因是它们的高度还不够,是"花拳绣腿"。只有对标顶尖高手,我们才能成为顶尖高手。

我把标杆对手瞄向了全球范围内最顶尖的管理教育企业。经过对美国、法国、德国、日本、印度等国家管理教育企业的深入研究,我们发现了一个关键点——管理培训的业态与物种发生了改变,变得更高维了。这一行业已经逐渐摆脱过去依赖老师口头传授的单一模式,转型为以商学院为核心的综合型教育机构。

洞察到这一行业特点后，我们开始重新定义行业——由培训转型做教育。

培训和教育有什么区别呢？

最主要的区别体现在时间维度与价值取向两大方面。培训往往以短期为主，每次课程可能仅持续三日，课程结束后学员便各自散去。教育则是一项具有深远意义的事业，其核心在于以人为中心，致力于人的能力提升。

作为一家专注于教育事业的企业，我们要超越对利润的追求，重塑企业使命，把所有资源都聚焦在为用户创造价值上。教育的内涵不应该是一堂课，而是以更为宏观的视角，帮助企业经营者提升经营管理能力，加速企业迈向第一。

作为一位连续创业者，我深知创业的艰辛与挑战，也体验过跌倒后再爬起的痛苦与挣扎。因此，我更加坚定地认为，若我们能够帮助更多的人，去点燃他们的梦想，激励他们以产业报国为己任，那么必将成为一项能够推动社会进步、影响世界的伟大事业。

从做培训转型为做教育后，自然而然地，我们要找到世界第一的商学院作为标杆对手。要成为真正的"雄鹰"，就要找到"鹰王"。我们找到的"鹰王"是哈佛商学院、麻省理工学院斯隆管理学院等。

确定世界第一的标杆对手后，我带领老师和高管团队赴哈佛商学院和斯隆管理学院参观、学习，对它们的硬件设施和软件资源进行了细致的观察，从而了解它们的优势和劣势。

那么，这些商学院有哪些优势呢？

这些商学院主要有两大优势：在硬件方面，这些商学院配备了一流的阶梯教室、图书馆等设施，为学员提供了良好的学习环境；在软件资源方面，这些商学院汇聚了全球顶尖的管理大师资源，为学员提供了高质量的学术指导。

这些优势，正是标杆对手的"独一无二"，也是他们的核心价值。

找到标杆对手的优势后，接下来我们按照世界级商学院的标准来配置资源。

找到优势并不意味着发现区隔点，真正的区隔点在标杆对手的劣势上，是他们做不到的地方。通过研究标杆，我们发现标杆对手有两大劣势。

一是不够简单。这些商学院中的多数老师缺乏实际的企业运营经验，他们没有"在水中游过泳"，也没有在商业战场上亲身博弈，拼过体力，拼过能力。因此，这些商学院所开设的课程往往过于理论化和标准化，这导致课程内容变得复杂繁琐，学员难以深入理解和掌握。然而，今天的商业环境充满不确定性，企业经营者要灵活应变，他们的决策也要因时而变。商业决策并非一成不变的标准模式，而是需要深入剖析、抽丝剥茧，以发现其内在规律和精髓。

二是不够实效。企业经营者来到商学院学习不是为了追求学历，商学院所颁发的学位证书对他们而言并不重要。因为企业经营者无须通过获取学历来解决职业发展或就业问题。实质上，企业经营者所追求的是提升自身在经营管理方面的能力。企业经营者根本没有时间去研究各种理论，他们只希望老师能够简单直接地告诉他们什么该做、什么不该做。

标杆对手的痛点就是企业创新的价值点，因为这是标杆对手做不到的点和用户的痛点，是标杆对手的软肋。

到此为止，行动教育通过研究行业、研究用户、研究标杆，画出了自己的"三圆"，找到了自己的"独一无二"：

● 行业竞争路径：价值创新；
● 用户痛点：成为世界第一；
● 标杆区隔点：不够实效、不够简单。

当我们通过"三元法则"找到了"独一无二"，接下来，我们通过"三个一"做到"独一无二"。

一个字眼："实效"。

行动教育要将找到的"独一无二"浓缩成一个字眼。有了这个字眼，就有了焦点，有了靶心，有了抓手。我们是怎么找到这一个字眼的？

行动教育的核心价值是给谁的？是给用户的。因此，我们要站在用户的角度来看这个字眼。

我们的用户是企业经营者，他们每天接收的信息非常多、非常杂、非常乱，这个时候我们要让他们能够记得住，并且能够打动他们，这个字眼就要极度简单。

"春江水暖鸭先知"。我们要站在用户的角度，找到他们学习经营管理课程的痛点和渴望点。

那么，企业经营者的痛点是什么？

企业经营者来到行动教育学习，不是为了获得学位证书，也不是为了研究管理理论，而是为了提升经营管理能力。

进一步追问：为什么企业经营者要提升经营管理能力？是为了能够解决在经营过程中所遭遇的各

类挑战。比如，如何做出正确决策、如何解决财务亏损的难题、如何突破业务增长的瓶颈、如何应对现金流管理的挑战等。

企业经营者在学习经营管理课程时，最怕什么？最怕听不懂，听不懂就记不住，记不住就做不到。做不到就意味着企业经营者花了时间和精力学习，却无法将所学内容有效应用到实际的企业经营中。

企业经营者最渴望什么？企业经营者最渴望老师能够简单、直接地告诉他们"是什么""为什么""怎么做"。因为他们没有时间和精力去研究各种管理理论。

因此，我们将找到的"独一无二"浓缩成"实效"这一个字眼。这个字眼成为我们管理上的抓手，"一针捅破天"。

用户为什么选择买行动教育的经营管理课程？

用户买的就是"实效"。

实效，就是行动教育承诺给用户的核心价值。我们真正的核心竞争力就是实效。行动教育所有的创新都不是为了创新而创新，而是基于"实效"的用户价值创新。

三条线做到一致性。

有了"实效"这一个字眼，接下来，我们要做到"实效"，让用户买到"实效"。如果我们只是告诉用户"行动教育等于实效"，却没有让用户买到"实效"，那么我们就是不讲诚信。因此，我们要做到"实效"，要做到 10 倍的好。怎么做呢？我们要围绕"实效"做一致性资源的配置，拧成一股绳，力出一孔。

"一致性"有三条线。

第一条线是人的一致性。

我们要让行动教育的每一个人从思想到行为，都要全面贯彻"实效"的理念。怎么做呢？

在企业文化上，行动教育的使命是"实效教育改变世界"，愿景是"加速企业迈向第一"，定位是"立志建设世界级实效管理教育"，价值观是"诚信为本，实效第一"。这是在统一"实效"的思想，让"实效"内化于心。

在企业战略上，2013年，我们将战略升级为"建设世界级实效管理教育"。在行动教育内部，无论是墙面、桌面还是办公用品上，都醒目地印有"建设世界级实效管理教育"。这是在统一"实效"的目标，力出一孔。

我们知道，要做好这一件事，可能需要花上 100 年的时间。没关系，战略要一站到底，一生一事。我们愿意花一生的时间专注地做、耐心地做、长期地做，日拱一卒地为用户创造"实效"的价值。即使 20 年、30 年后，我不再是行动教育的老师，但"实效"的接力棒一定会传下去，因为这是一份事业，是我们持之以恒，要用一生去做的事业。

在产品上，我们紧扣"实效"来倒推我的经营管理课程《浓缩 EMBA》的持续优化。从我开始讲课的那一刻起，台下教学组的老师便同步做记录。为什么要做记录？因为三天的课程结束后，教学组要根据课程记录召开"品质改进会"。

同时，我们每周都会开"教学研讨会"，大家要在一起反省、改进、迭代课程内容。通过这样的方式，确保我们的每一堂课都汇聚了集体的智慧，而非仅仅依赖个体智慧。

我们的每一期课程都会在上一期的基础上进行优化改进，我们希望用户能够感受到第 501 期比第 500 期讲得更实效。

为了提高实效的标准，行动教育全员上下都要持续改进，从研发、设计、生产、流程、管理到制度，每人每天都要学习、反省、改进。每天进步 1%，就能持续实现标准和品质的螺旋式上升。

对于课程内容的讲授，我们要关注用户的接收方式和效果。比如，我们为何选择在课堂上以板书书写的方式而不是 PPT 来呈现？为什么我们要强调简单的表达方式，白板上的字要写得少？为什么我们倡导取一舍九？主要原因在于，大道至简，越简单，用户越容易记住。我们倡导取一舍九，正是为了让用户能够一听就懂，一看就会。

以上这些围绕"实效"在产品上的动作，都是为了让"实效"实化于行。

总之，在"人"这条线上，行动教育从上到下，从理念到行为，都以"实效"为出发点，以"实效"为焦点。

第二条线是管理一致性。

在行动教育，从预算、激励机制到奖罚，从目标、流程到执行、检查，全部围绕"实效"，做到一致性。

以奖罚为例。在一个组织里，奖罚要分明。我们通过奖罚告诉组织里的所有人，什么是组织提倡的，什么是组织反对的。也就是说，奖罚分明代表企业的价值主张，代表企业想要什么、不想要什么。

223

　　具体怎么做呢？首先，我们要向员工传递价值主张。价值主张的焦点有两个。一是让员工理解工作的意义和价值。二是让员工理解自己的收入来自用户，要为用户创造"实效"的价值。只有当我们能够确保用户获得"实效"的价值，我们才能够共同分享这份价值。因此，员工的收入要和用户的"实效"价值挂钩。

　　员工为用户创造了"实效"价值，企业就奖励员工；反之，则罚。

　　企业的竞争都是从最小单元开始的，只有企业的每个人每天把"实效"做到10倍的好，"实效"价值就能提高10倍。"实效"是一点一点干出来的。

　　企业里每个人每天做的每件事，直接影响每天、每周、每月的"实效"指标。我们要做到全员聚焦"实效"，核心方法只有一个：每人每天做好每件事。

第三条线是资源配置一致性。

当"实效"这一字眼确定以后，行动教育所有的资源配置都定下来了。企业的研、产、供、销、服等各个环节的资源都要围绕"实效"高标准配置。

在课程研发上，为了摆脱对某个老师的过度依赖，确保教学质量的稳定性和用户价值的最大化，行动教育开创了一套全新的课程研发体系，我们称之为"制片厂模式"。

什么是"制片厂模式"？

"制片厂模式"是指在整个课程研发体系中，我们采取多角色分工的方式，包括编剧、导演、演员以及台前、台中、台后等多个岗位。在研发"实效"的课程时，我们形成了一个集体创作的模式，其中"编剧"撰写剧本，"导演"负责整体统筹，

"演员"负责内容的演绎，台前、台中、台后的工作人员则负责支持和服务整个课程研发过程。

这种"制片厂模式"不仅使行动教育的课程研发更加系统化、专业化，也极大地提高了课程研发的效率和质量。通过分工合作，每个人可以专注于自己的领域，发挥专长，形成合力，从而确保课程的实效性。

在课程内容生产上，我们经过深入研究用户，找到了最实效的教学方式，即"教学三段论"：

● 是什么：怎么定义？目的是什么？
● 为什么：怎么挖洞？错点在哪里？卡点在哪里？
● 怎么做：怎么做？方法论是什么？

我们强调大道至简的内容原则，务必确保课程内容用户听得懂、记得住、学得会。再细化一些，我们要求课程内容多讲短句、短语，言简意赅。同时，每节课的时长应得到合理控制，确保用户能够保持高度的专注力，拥有沉浸式学习体验。

除了实效的课程研发模式、内容生产模式，行动教育还有实效的教练模式。教练怎么开场，中间怎么讲等，都要围绕"实效"展开。

在学习场景中，我们倡导用户在上课现场采取听一遍、写一遍、过一遍、讲一遍的学习方法，通过多样化的实践场景来确保学习的实效性。

在供应链上，我们会邀请全球顶尖的老师来担任授课讲师。比如，我们邀请了全球最具影响力的管理工具"平衡计分卡"的创始人罗伯特·卡普兰为用户讲战略；邀请了全球顶级的领导力大师博恩·崔西和巴里·Z.波斯纳为用户讲领导力；邀请了中国上市企业协会会长、中国建材和国药集团原董事长宋志平老师为用户分享其丰富的战略管理经验；邀请了中国人民银行前副行长为用户解析经济学领域的核心问题。

在大数据和电子商务领域，我们邀请了滑铁卢大学的终身教授、大数据中心主任陈涛博士以及阿里巴巴前 CEO 卫哲先生，他们将分别就大数据和电子商务的发展趋势及实践案例进行深入剖析……

此外，我们还从巴黎商学院引进了全球排名第一的金融创新课程，旨在为用户提供最前沿的金融知识和实践技能。

这些老师不仅仅是参加一两次论坛演讲或做短时间的分享，而是作为行动教育的课程导师，持续几天为用户提供系统、深入的授课，以确保用户能够充分吸收和掌握相关知识。

在销售上，我们要锁定企业规模为 3 亿元以上的大客户。为什么是 3 亿元？因为该规模的企业对

"实效"课程的需求往往尤为迫切。

在服务上，我们对人才进行"分级分段分类"管理，明确不同层级、不同经验的员工的职责与服务对象。比如，新员工服务什么用户？老员工服务什么用户？A类人才服务什么用户？……

综上所述，从人的一致性、管理的一致性到资源配置的一致性，行动教育从上到下，围绕"实效"，拧成一股绳，"全营一杆枪"，上下同心，齐心协力，力出一孔，最后九九归一。

什么是"九九归一"？

"一"就是做到独一无二，做到极致实效，与竞争对手形成第一差距。

一句话："加速企业迈向第一"。

最后，我们要将"实效"转化成一句话的广告语。为什么要有这一句话？

这句话是为了打动用户，让用户理解，做品牌传播。所以我们要站在用户的角度，去找到用户学习经营管理课程的目的、痛点，全维度地找到这句话。这句话要让用户一听就懂，一看就知道我们是什么。

行动教育的这一句话是"加速企业迈向第一"。

有了这一句话，反过来，我们要围绕这一句话做到一致性。

到此为止，行动教育通过"三个一"的成果如下所示：

● 一个字眼：实效；
● 一致性：人的一致性、管理的一致性和资源配置的一致性，"全营一杆枪"，力出一孔，九九归一；

● 一句话：加速企业迈向第一。

当我们做到"实效"后，带来了什么样的经营结果呢？是否加速了行动教育自身成为第一呢？如果没有，那么证明我们的这一套方法论是无效的，是不实效的。

从 2013 年开始，我接手行动教育 CEO 后，坚定地实施了错位竞争，坚定地通过这一套方法论回答了"行动教育等于实效"，形成了企业的核心竞争力，有了"绝活"。

结果怎么样？

先用业绩来说话：

2013 年，主营业务亏损；

2014 年，主营业务扭亏为盈；

2015 年，税后净利润 2080 万元；

2016 年，税后净利润 6695 万元；

2017 年，税后净利润超过 1 亿元；

2021 年，成功登陆 A 股主板；

2023 年，营业收入同比增长 49.08%。

2023 年，中国企业联合会管理咨询工作委员会发布"2023 中国管理咨询机构 50 大"排名，行动教育排名第一。在此之前，资本市场相关统计数据出炉，行动教育在 2022 年度教育行业盈利能力排名中位居第一。

再拿用户的经营结果说话。

做管理教育十几年，我们见证了众多企业用户从初创逐步发展壮大，最终成为行业翘楚的历程。

以倍轻松为例，其创始人马赫廷先生曾是行动教育用户。十多年前，倍轻松面临增长挑战。马赫廷先生通过学习，找到了企业的"独一无二"，构建了核心竞争力。凭借"绝活"，倍轻松实现第二增长曲线并成功上市。

再以百果园为例。通过在行动教育学习，百果园找到了自己的"独一无二"——"好吃"，成为"中国水果连锁零售第一股"。

这样的企业还有很多，我之所以选择这两家上市企业来说明，是因为上市企业的财务数据是公开、透明的，最具有说服力。

最后，用社会责任成果说话。

行动教育在过去的十几年中，始终致力于为残疾人企业家和创业者免费提供我们的课程体系，以助力他们实现自我提升与发展。同时，我们积极响应 ESG 理念，通过绿色环保、节能减排等举措，致力于构建可持续的商业模式。我们率先以世界级标准约束自身，不断完善机制建设，优化流程管理，以期实现更为出色的社会责任表现。

我之所以把这些成果在书中展示出来，并非出于炫耀之心，也无"王婆卖瓜，自卖自夸"之意。这背后说明什么？

这说明错位竞争的这一套方法论是有实效性的，我希望能通过这些具体的实例，向更多的企业经营者、创业者、管理者展示错位竞争的力量，证明这套方法论在实际操作中的实效性和可行性。

我之所以把行动教育的案例讲述得比较详细，是想借此表达：我们找到了"独一无二"，也做到了"独一无二"，最终成果是什么？

最终成果是形成了企业的核心竞争力。犹如硬币的正反两面，正面是核心价值，反面是企业的核心竞争力。

企业的核心竞争力就是企业的"绝活"。顶尖高手都有一招制胜的"绝活"。

比如，"好吃"是百果园的"绝活"；"全世界最好的一只鸡"是天农的"绝活"；"智能便携式按摩器"是倍轻松的"绝活"；"全球 IP 联名集合店"是名创优品的"绝活"；"创新"是创新金属的"绝活"；"实效"是行动教育的"绝活"。

一旦企业把自己的"绝活"丢了，企业离衰亡也就不远了。企业有了"绝活"就有了魂；有了魂，企业才能焕发出生机与活力，进而在激烈的市场竞争中脱颖而出，取得胜利。

最后，说一句话，企业要找到并修炼出自己的"绝活"，把"苦活"变成"绝活"。

后　记

非常感谢你耐心阅读至此。

看看这百年未有之大变局吧。企业正面临着日益激烈的全球化竞争，我们正处于一个特殊的时期，这一时期集增长速度换挡期、结构调整阵痛期，以及各种不确定性带来的风险期于一体，"三期"叠加，挑战与机遇并存。

这是时代给予企业经营者们的巨大挑战。

历史总是惊人的相似。当年诺基亚的 CEO 约玛·奥利拉在宣布同意微软收购诺基亚时，说了这样一句话："我们并没有做错什么，但不知为什么，我们输了。"

这句话听起来真让人心疼。

"天下之势不盛则衰，天下之治不进则退。"当今时代，瞬息万变，不进则退，慢进亦退。

这本书，不应该是企业经营者在不确定的时代赖以果腹的"罐头"，而应该是可以随时拿出来，应对企业经营中各种挑战的"有力武器"，是那些愿意在商海中破浪前行的企业经营者的"得力助手"。

这本书里的每个案例，都是商业历史上的"人类群星闪耀时"，值得我们注目。在此，我要感谢案例中的主角们，感谢天农董事长尹平安先生、名创优品董事长叶国富先生、百果园董事长余惠勇先生、倍轻松董事长马赫廷先生、创新金属董事长崔立新先生、今麦郎董事长范现国先生。他们的参与使得这本书更加生动和真实，也让我们更加深入地了解了这些成功企业的成长历程和经营智慧。

我们一直坚信：商业是人类历史上最伟大的力量。因为企业经营者用商业的眼光来看待社会问题，用商业的规则去解决社会问题。他们凭借着敏锐的商业嗅觉、卓越的管理才能和不懈的努力，将一个个企业从初创阶段发展壮大，成为行业的领军者，为社会创造了经济价值。

他们用自己的实际行动，诠释着企业家的责任和担当，积极履行社会责任，投身公益事业，为社会的和谐与进步贡献着自己的力量。

他们终其一生，投身于一项伟大且长期的事业，为爱前行，为使命奋斗，为荣誉而战。

在此，向这些杰出的企业经营者们致以崇高的敬意。